W0200549

Margaret Sassé, Georges McKail

Eltern „up to date"

Margaret Sassé
Georges McKail (Illustrationen)

Eltern "Up to Date"

Crashkurs kindliche Entwicklung

VAK

VAK Verlags GmbH
Kirchzarten bei Freiburg

Titel der amerikanischen Originalausgabe:
Tomorrow's Children

Erschienen bei: Toddler Kindy GymbaROO (Australien)
www.gymbaroo.com.au
ISBN 0-9591008-2-2

Bibliografische Information der Deutschen Bibliothek
Die Deutsche Bibliothek verzeichnet diese Publikation in der Deutschen Nationalbibliografie; detaillierte bibliografische Daten sind im Internet über http://dnb.ddb.de abrufbar.

VAK Verlags GmbH
Eschbachstraße 5
79199 Kirchzarten
Deutschland
www.vakverlag.de

Übersetzung: Karin Beeck
Lektorat: Norbert Gehlen
Illustrationen: Georges McKail
Umschlagdesign: Hugo Waschkowski, Freiburg
Satz: Goar Engeländer, Bad Lippspringe
Druck: MediaPrint GmbH, Paderborn
Printed in Germany
ISBN: 978-3-935767-92-7

INHALT

Widmung

Dieses Buch widme ich meinem Mann, ohne dessen Unterstützung ich sicherlich nicht ein so erfülltes Leben hätte, sowie meiner Schwester, Dr. Mary Louise Sheil (gestorben im Juli 2000), deren Unterstützung und Weisheit mir bei all unseren Begegnungen mit verantwortungsvollen Eltern und ihren Kindern Orientierung gab.

Hinweise von Autorin und Verlag

Dieses Buch dient der Information über Übungen, die Kinder in ihrer Entwicklung unterstützen. Wer sie anwendet, tut dies in eigener Verantwortung. Autorin und Verlag beabsichtigen nicht, Diagnosen zu stellen oder Therapieempfehlungen zu geben. Die Informationen in diesem Buch sind nicht als Ersatz für professionelle therapeutische Hilfe bei gesundheitlichen oder psychischen Problemen zu verstehen.

Einleitung

Wir stehen heute an der Schwelle zu einer neuen Welt und müssen sicherstellen, dass unsere Kinder dafür gerüstet sind, von der Mikrochip-Revolution zu profitieren. Wir befinden uns mitten im elektronischen Zeitalter und sind – wie auch schon zur Zeit der industriellen Revolution – aufgerufen, uns der Herausforderung zu stellen. Jeder von uns muss lernen, wie er diese Explosion an Information für sein eigenes Überleben nutzen kann.

Viele kleine Kinder – noch weit entfernt vom Schulalter – zeigen ihren Eltern und anderen bereits, wie die elektronischen Geräte zu Hause funktionieren, und sie können oft schon die Namen ihrer bevorzugten Fast-Food-Restaurants „lesen"!

Die frühe Grundlegung der Intelligenz durch Wahrnehmung und Bewegung sowie die Wechselwirkung von Kind und Umgebung sind sichere Erkenntnisse der aktuellen Forschung über die frühkindliche Entwicklung.

Es ist klar, dass Intelligenz nicht nur von selbst wächst – sie kann auch zum Wachsen gebracht werden.

Die Fähigkeit zu lesen und zu schreiben ist kein Zeichen für Intelligenz. Viele intelligente Menschen empfinden Lesen als schwierig und kommen im Leben dennoch gut zurecht. Das Lesen hat die Bühne der menschlichen Entwicklung erst vor sehr kurzer Zeit betreten; dennoch sind in der Menschheitsgeschichte viele Errungenschaften hochintelligenter Menschen zu finden. Intelligenz ist der Schlüssel zur Lernfähigkeit, sei es nun über elektronische Hilfsmittel oder anders.

Viele Kinder schaffen es heute nicht, ihre Anlagen voll zu entfalten. Sie bleiben hinter ihren eigentlichen Möglichkeiten zurück, was häufig Verhaltensprobleme nach sich zieht und im weiteren Verlauf zu Problemen bei der Suche nach einer Arbeitsstelle führt. Eltern und Bezugspersonen sind häufig frustriert, aufgebracht, besorgt und erschöpft von dem Bemühen, ihre Kinder zu glücklichen, lebenstauglichen Erwachsenen zu erziehen.

Sie widmen ihre ganze Liebe, Fürsorge und Hingabe der Aufgabe, die die lohnendste, spannendste und schönste im Leben sein sollte.

Sie verdienen mehr Beachtung und sollten über mehr Wissen verfügen, mit dem sie ihren Kindern – die die Zukunft unserer Gesellschaft sind – helfen können.

In einer Gesellschaft, in der die Großfamilie nicht mehr existiert, wird von Eltern und anderen Bezugspersonen erwartet, dass sie die Kinder aus einem „natürlichen Instinkt" heraus erziehen.

Die Veränderungen im Erziehungsansatz und bezüglich der Unterstützung bei der Erziehung werden noch überlagert durch die Entwicklung der Menschheit insgesamt – und zwar durch Aspekte wie diese: durch industrielle Bearbeitung verfälschte Nahrungsmittel, verringerte körperliche Aktivität, Bekleidung, die die Bewegungsfreiheit einschränkt; durch eine allgegenwärtige Geräuschkulisse, durch Autos, Fernsehen, Computer; durch die Instabilität der Ehe und eine stark zersplitterte Gesellschaft.

Eltern sind viel beschäftigte Menschen. Ich selbst, Mutter von fünf Kindern, gebe bereitwillig zu, dass ich nur einen Bruchteil der vielen Bücher über Erziehung gelesen habe, die den Weg zu mir fanden.

Das vorliegende Buch trägt dieser Tatsache Rechnung, indem es die wichtigsten Aspekte gezielt kurzfasst und, wo es möglich ist, die Themen mit Illustrationen verdeutlicht.

Es bleibt zu hoffen, dass nicht nur die Eltern und andere an der Erziehung Beteiligte selbst, sondern auch die Gesellschaft die wichtige Rolle würdigt, die diese Menschen als „Hüter“ unserer zukünftigen Bürger spielen.

Für einen Automechaniker reicht es nicht zu wissen, wie man ein Auto fährt – er muss wissen, wie das Auto funktioniert.

Genauso müssen Eltern verstehen, wie ihr Kind sich entwickelt und wie es lernt – nur so können sie ihre Kinder bestmöglich unterstützen, damit diese ihr mitgebrachtes Potenzial zur vollen Entfaltung bringen können.

Eltern und Lehrer werden häufig für jedes Wehwehchen ihrer Kinder verantwortlich gemacht. Das ist tragisch, denn es ist sehr einfach, ihnen für alles die Schuld zuzuschieben.

Hauptziel dieses Buches ist es, ein allgemeines Verständnis für die normale, natürliche Entwicklung des Menschen zu wecken, für das Zusammenspiel von Entwicklung des Nervensystems und Erziehung.

Immer wenn wir in diesem Buch Aspekte der Erziehung und Pflege der Kinder besprechen, die sich aus der Entwicklung des Nervensystems ergeben, wird unser nebenstehend abgebildetes freundliches *Neuron* (eine Nervenzelle) einige unserer wichtigsten Überlegungen illustrieren.

Bei bestimmten Themen verwenden wir weitere *Icons* (Symbole), die für ein ganzes Netzwerk von Funktionen stehen; sie werden auf den beiden nächsten Seite vorgestellt.

Ich hoffe, dass Sie Freude an diesem Buch haben und Ihren Nutzen daraus ziehen. Ihre Meinungen, Gedanken, Ideen und andere Beiträge sind herzlich willkommen auf unserer Website: *www.gymbaroo.com.au*

SYMBOLE IN DIESEM BUCH

Gleichgewicht

Sensorische Integration

Verhalten

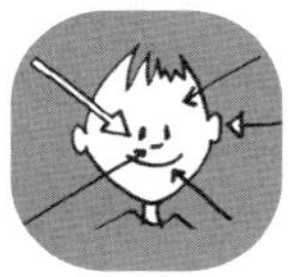
Wahrnehmung

Gleichgewichtssinn

Seitigkeit

Zeitempfinden

Koordination

Tastsinn

Vorstellungsvermögen

Überkreuzmuster

Feinmotorische Koordination

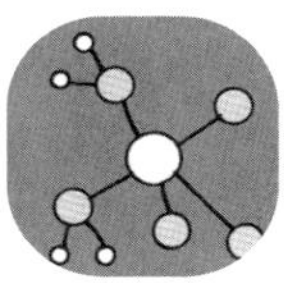
Vernetzung

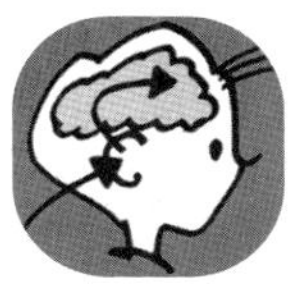
Gehör

Reflexe

1 Die Hardware: Das Gehirn

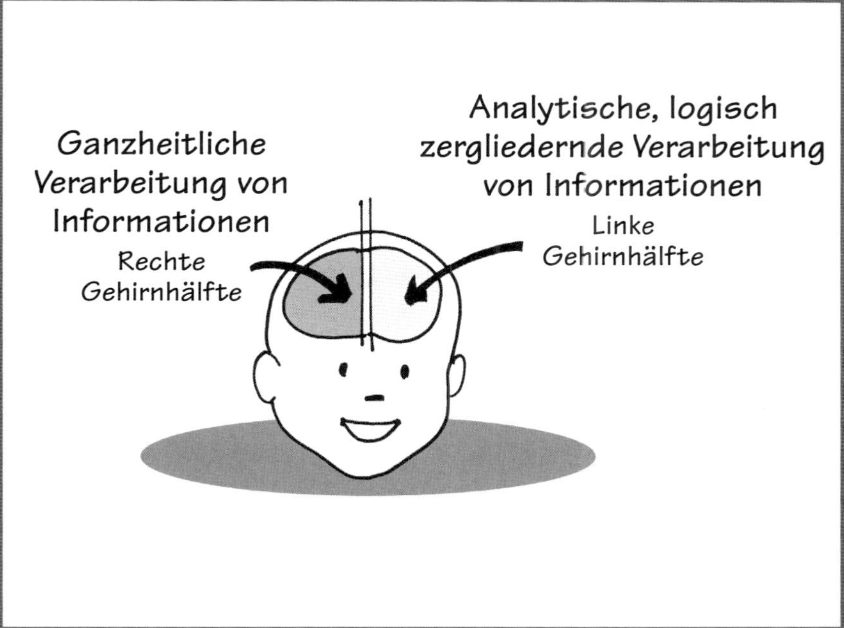

Unser gesamtes Verhalten wird geformt durch die Wechselwirkung von Vererbung und Umgebung.

Gerald N. Getman

DER BAUM DES LERNENS

Die frühkindliche Entwicklung ist eine geordnete, vorhersagbare, zusammenhängende Folge von Entwicklungsschritten, deren Ergebnis die Fähigkeit zu lernen ist.

Erbanlagen + Umgebung

= ENTWICKLUNG

Das Wachstum der Lernfähigkeit während der ersten Lebensjahre ist vergleichbar mit dem Wachstum einer Pflanze – wie in der Abbildung zu sehen ist.

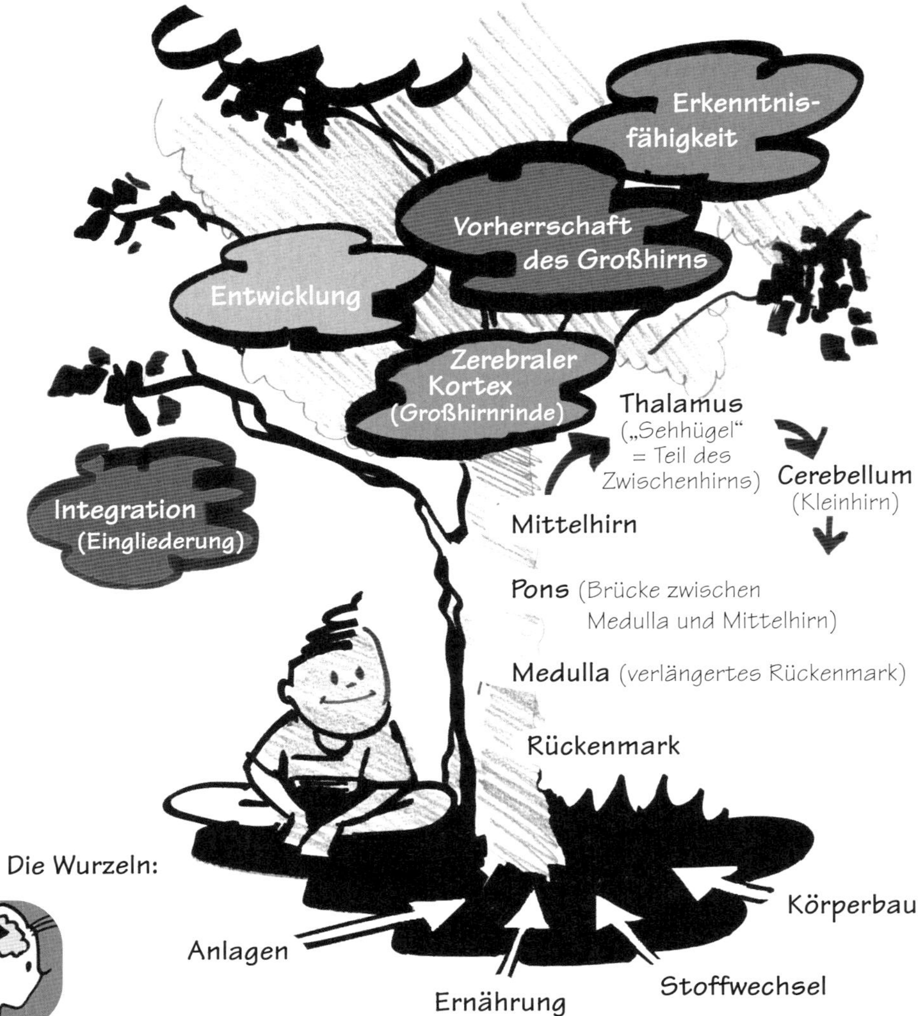

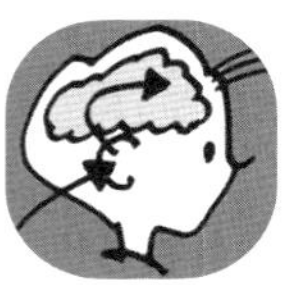

Die Organisation unseres Nervensystems

Lernen beginnt dort, wo ein Neuron sich entwickelt.

Unser gesamtes Verhalten wird durch die Wechselwirkung von Erbfaktoren und Umweltfaktoren geformt und das Gehirn ist der „Sitz" und Ursprung des Verhaltens.

Das Gehirn verfügt über Milliarden von Nervenzellen (Neuronen genannt), die sich im Zuge des Gehirnwachstums vervielfachen und Verbindungen zu anderen Neuronen herstellen. Dieses Wachstum ist von unseren Erbanlagen und von entsprechenden „Reizen" in unserer Umgebung abhängig.

Das Gehirn ist das wichtigste Organ des Zentralnervensystems (ZNS); es steuert unsere bewussten und unbewussten Aktivitäten und ist für Gedanken, Erinnerungen, Emotionen und Sprache verantwortlich.

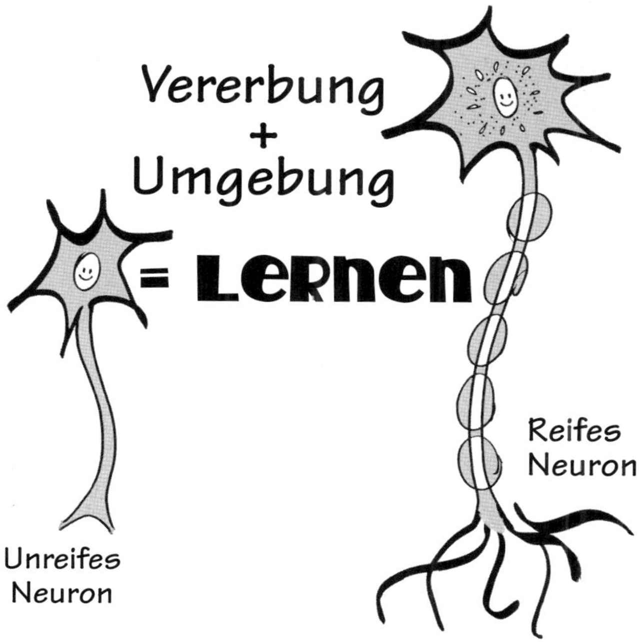

Die Entwicklung des Gehirns

Der Nachrichtenaustausch zwischen den Neuronen ermöglicht es unserem Gehirn zu kommunizieren, indem es Botschaften an unseren Körper sendet.

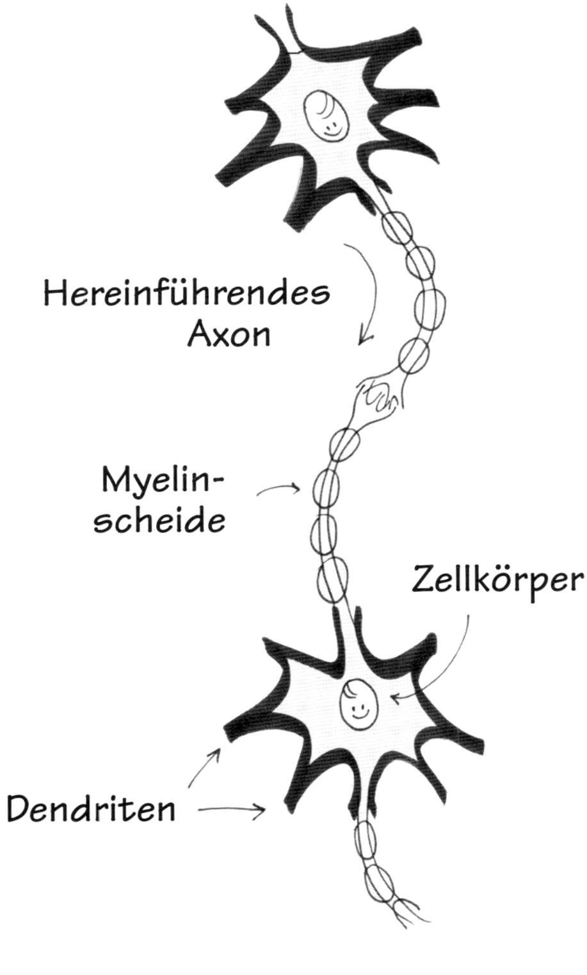

In diesem Entwicklungsstadium können eingenommene Medikamente, Umweltgifte, Nahrungsmittelunverträglichkeiten oder Mangelernährung die Entwicklung des Nervensystems innerhalb des Gehirns stören – dies kann zu Krankheiten oder verändertem Verhalten führen.

Alles an unserem Verhalten wird von ganz bestimmten Bereichen unseres Gehirns gesteuert, normalerweise in Einklang mit anderen Bereichen; so wirkt sich zum Beispiel eine Reizung (Anregung) der Innenohrflüssigkeit auf unsere Augenbewegungen aus.

Unser Gehirn entwickelt sich nach einer bestimmten Hierarchie – die volle Funktion der höheren Gehirnbereiche hängt von der Entwicklung der darunterliegenden Bereiche ab: Sind die Wurzeln eines Baumes nicht stark entwickelt, so wird der Baum vom Wind umgeblasen.

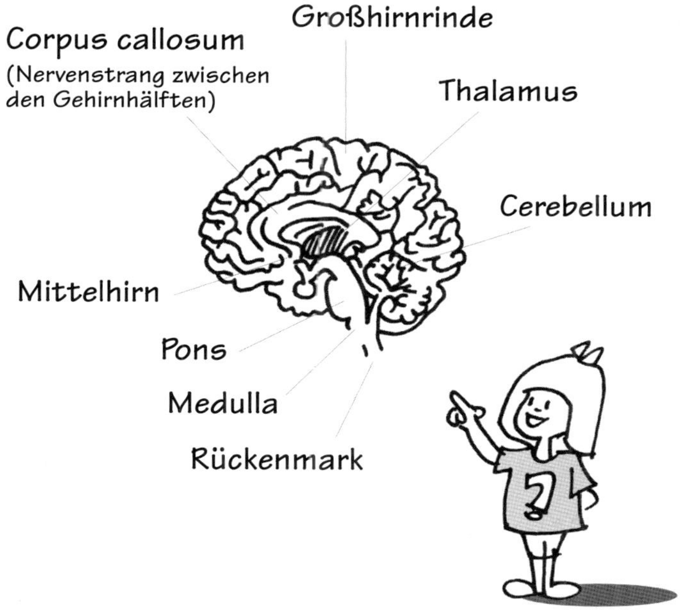

Rückenmark: Ist wie ein elektrischer „Leiter" für Nachrichten von den Sinnesorganen oder vom Bewegungsapparat zum Gehirn und umgekehrt.

Medulla (verlängertes Rückenmark)**:** Steuert automatische Funktionen wie Atmen, die Grundfunktionen der Organe und die primitiven Reflexe.

Pons (die Brücke)**:** Sorgt für grundlegende Wahrnehmungen und Reaktionen auf der Basis der primitiven Reflexe und Bewegungen. Übermittelt diese Nachrichten an höhere Gehirnbereiche.

Cerebellum (Kleinhirn)**:** Verantwortlich für Gleichgewicht, Körperhaltung, Muskelspannung und Koordination.

Mittelhirn: Steuert sensorische (Wahrnehmungs-) und motorische (Bewegungs-) Funktionen höherer Ordnung einschließlich der Augenbewegungen. Fördert die Entwicklung von Tiefenwahrnehmung und dreidimensionaler Sinneswahrnehmung durch die Bewegung von Händen und Knien.

Thalamus („Sehhügel")**:** Übermittelt Nachrichten der Sinnesorgane und des „Bewegungsapparats" an entsprechende Bereiche der Großhirnrinde.

"Rechtes" und "linkes" Gehirn?

Es gilt inzwischen als erwiesen, dass die Gehirnhälften in einer Wechselbeziehung zueinander stehen und zusammenarbeiten. Bei Linkshändern kann die Aufgabenverteilung vertauscht sein.

Ja – jede Gehirnhälfte hat ihre speziellen Funktionen, doch entsteht jede Verhaltensweise aus dem Zusammenspiel *beider* Gehirnhälften. Wie die Abbildung unten zeigt, arbeitet die linke Gehirnhälfte eher „analytisch", logisch zergliedernd, während die Arbeitsweise der rechten als „ganzheitlich" oder zusammenfügend bezeichnet werden kann.

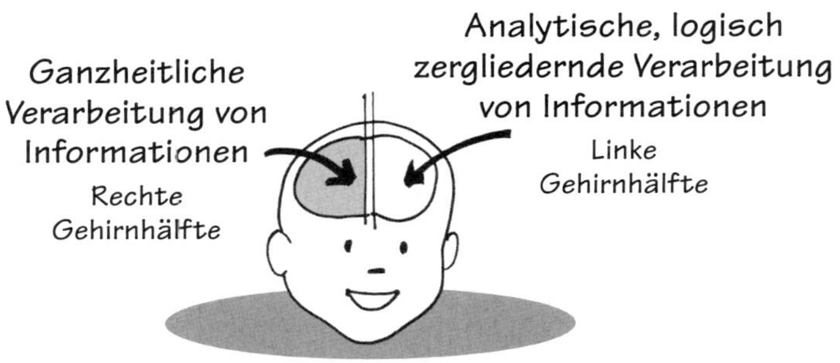

Tastsinn	*Handschrift*
Räumliche Beziehungen	*Symbole*
Formen und Muster	*Sprache*
Rechnen	*Lesen*
Erkennen von Farben	*Erkennen von Lauten*
Singen	*Musik (Takt, Tempo)*
Kunst: Bild, Emotion, „Flow"	*Kunst: Medien, Einsatz von Werkzeugen*
Kreativität	*Befolgen von Anleitungen*
Visualisieren	*Zuhören*
Gefühle, Emotionen	*Fakten und Einzelheiten*

Bei sehr kleinen Kindern kann ***eine*** *Gehirnhälfte tatsächlich sämtliche Gehirnfunktionen übernehmen, wenn die andere verletzt ist.*

Wenn wir eine Orange sehen, *erkennen* wir sie nur deshalb als solche, weil wir schon einmal eine Orange gerochen, geschmeckt und gefühlt haben und weil wir schon mal gehört haben, wie jemand ein solches Ding Orange nannte.

All diese Informationen werden an unser Gehirn gesandt, dort kommen sie zusammen und ergeben einen Sinn – wir nennen dies Wahrnehmung. Damit dies passiert, muss alles gut funktionieren.

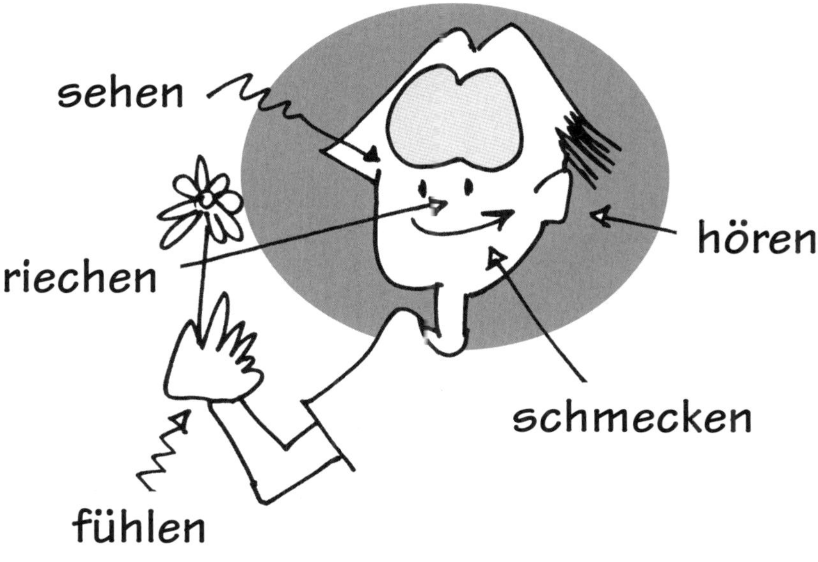

Lernen

Forschungen haben gezeigt, dass beide Gehirnhälften zwar zusammenarbeiten, dass jedoch *eine* Seite des Gehirns Spezialist für eine bestimmte Aufgabe werden kann, wenn ein bestimmtes Maß an Verständnis erreicht ist.

Wenn Kinder mit dem Lesenlernen *anfangen*, mag der Schwerpunkt der Gehirnaktivitäten häufig auf der rechten Gehirnhälfte liegen, während *fortgeschrittene* Leser für diese Aufgabe die linke Gehirnhälfte bevorzugen.

Es gibt also einen Punkt im Prozess des Lesenlernens, an dem sich der Schwerpunkt im Gehirn von rechts nach links verschiebt – dies geschieht in der Regel im Alter zwischen sechseinhalb und siebeneinhalb Jahren.

Es ist wichtig zu sehen, dass die rechte Gehirnhälfte zwar zunächst einen großen Anteil am Erlernen neuer Aufgaben haben kann, dann jedoch an die linke „übergibt", damit diese Logik, Unterscheidungen und Details hinzufügen kann; dies trifft für fast alle Rechtshänder und für fast 85 % der Linkshänder zu.

Im Verlauf des Zellwachstums werden schon erlernte Fertigkeiten verstärkt und neue „Nervensprösslinge“ sorgen dafür, dass sich neue Fähigkeiten entwickeln können.

Die Entstehung dieser Nervenpfade im Gehirn ist das Ergebnis von „Nachrichten“ oder Informationen, die durch das Nervensystem und durch die Sinne aufgenommen, „empfangen“ werden.

Arten der Wahrnehmung

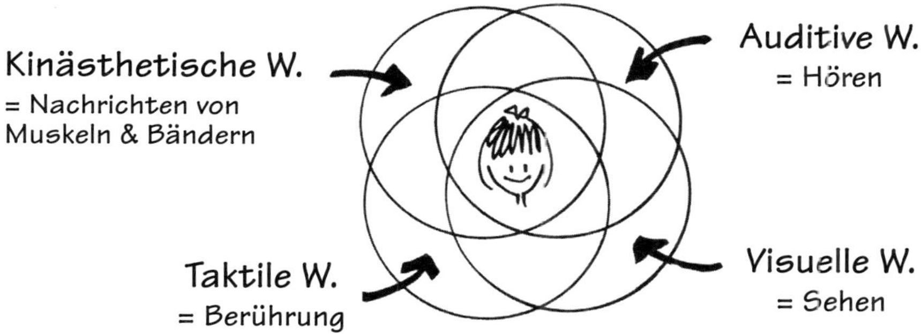

Während der ersten Lebensmonate durchläuft das Gehirn des Kindes einige kleinere Wachstumsschritte; der erste *große* Wachstumsschub des Gehirns findet zwischen dem dritten und dem zehnten Monat statt.

Darauf folgt eine Phase, in der die neu erworbenen Fertigkeiten gefestigt und verbessert werden, bevor im Alter zwischen zwei und vier Jahren der nächste große Abschnitt des Gehirnwachstums stattfindet; die nächsten Wachstumsschübe liegen zwischen sechs und acht, zwischen zehn und 14 sowie zwischen 14 und 16 Jahren.

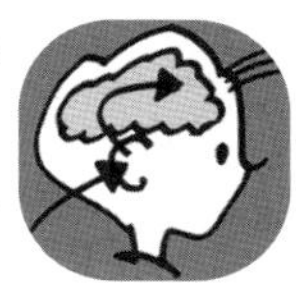

Die frühkindlichen Reflexe

Ob Wurm oder Mensch – der Streckreflex ist der einfachste und wichtigste. Er ist die Grundlage für die gesamte höhere Bewegungsentwicklung. Er installiert die Grundspannung oder den „Tonus" der Muskulatur.

Kinder kommen mit Reflexen wie Saugen, Atmen und Verdauen zur Welt. Diese Reflexe sichern ihr Überleben.

Sie bilden die Grundlage für die Wahrnehmungs- und Bewegungsentwicklung und sind zu Beginn unbewusste Reaktionen auf Stimuli (Reize). Sie fördern Bewegungen wie Rollen und Greifen sowie das Gleichgewicht, die Entwicklung der Füße, den Muskeltonus und die Kontrolle des Kopfes.

Nach und nach entwickelt das Kind dann ein stärkeres Bewusstsein dafür, wie es die größeren Körperteile bewegen kann, was die Fähigkeit zur bewussten Kontrolle *der Reflexe* zum Ergebnis hat. Als Nächstes treten dann die Stellreflexe auf.

Werden Babys mit der Flasche ernährt, so sollten sie abwechselnd von rechts und von links gefüttert werden; dies sorgt für ausreichende Stimulation (Anregung) beider Körperseiten, wie sie bei Kindern, die gestillt werden, selbstverständlich ist.

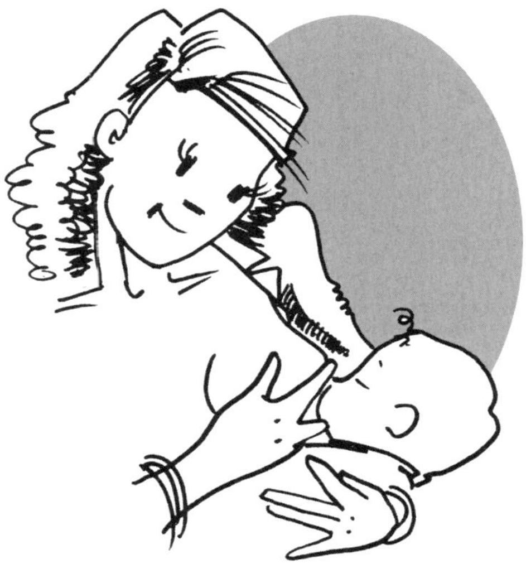

Der Asymmetrische tonische Nackenreflex (ATNR)

Kleinkinder lernen nicht deshalb laufen (bzw. gehen), weil man es ihnen beibringt, sondern als Ergebnis unbewusster Reflexe.

Diese Reflexe sind für das Überleben des Kindes und seine künftigen bewussten Bewegungen von entscheidender Bedeutung.

Es gibt immer mehr Beweise für einen Zusammenhang zwischen Leseschwierigkeiten und der Fähigkeit des Kindes, seine Bewegungen bewusst zu steuern.

Lernprobleme bei Kindern können damit zusammenhängen, dass ein (unausgereifter) frühkindlicher Reflex als Störfaktor wirkt.

Von einem tonischen Reflex spricht man dann, wenn dieser bei Stimulation (also bei einem entsprechenden Reiz) eine Reaktion im Tonus einer ganzen Muskelgruppe auslöst; legt man zum Beispiel ein neugeborenes Kind auf den Rücken und dreht seinen Kopf nach links, so bewegt sich als Reaktion darauf der gesamte Körper nach links.

Gleichzeitig werden rechter Arm und rechtes Bein gebeugt, der linke Arm und bis zu einem gewissen Grad auch das linke Bein werden gestreckt.

Es ist mittlerweile erwiesen, dass diese Reflexe eine sehr wichtige Rolle für die Entwicklung und die Lernfähigkeit von Kindern spielen.

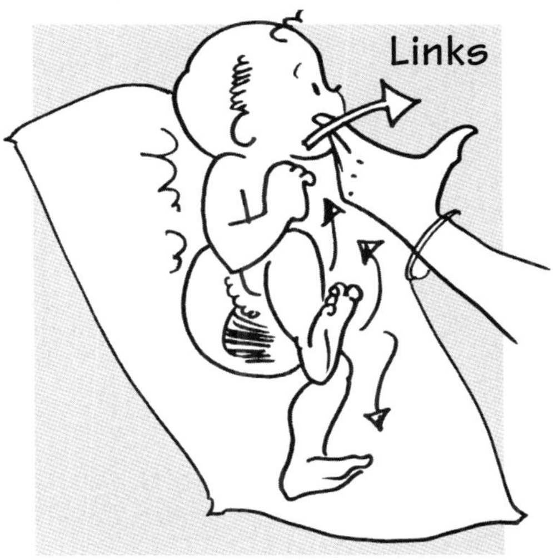

Werden diese Reflexe im Laufe der Kindheit nicht vollständig gehemmt, so können Entwicklung und Lernen beeinträchtigt werden.

Der Moro-Reflex

Man geht davon aus, dass sich dieser „Schreck"-Reflex sehr umfassend auf die emotionale Entwicklung des Kindes auswirkt.

Er tritt schon im Mutterleib (im Alter von neun Wochen) auf und wird etwa zwei bis vier Wochen nach der Geburt überwunden oder abgelegt; er ist eine unbewusste Reaktion auf Gefahr und mit der Atmung gekoppelt. Er erleichtert auch den ersten Atemzug nach der Geburt.

Wird dieser Reflex nicht überwunden, so ist das Kind später vielleicht nicht in der Lage, Sinneseindrücke adäquat aufzunehmen, es kann dann auf Geräusche, Licht oder sogar auf Berührung überempfindlich reagieren.

Der Tonische Labyrinthreflex (TLR)

Haben Sie sich jemals gefragt, warum Ihr Neugeborenes sich nach vorn zusammenrollt und sich nach hinten streckt? Das ist die Reaktion auf den TLR.

Das Ganze hat mit der Position des Kopfes zu tun. Liegt das Baby auf dem Rücken und der Kopf wird ruckartig nach vorn bewegt, so *beugen* sich Körper und Gliedmaßen; geht der Kopf nach hinten, so *streckt* sich der Körper.

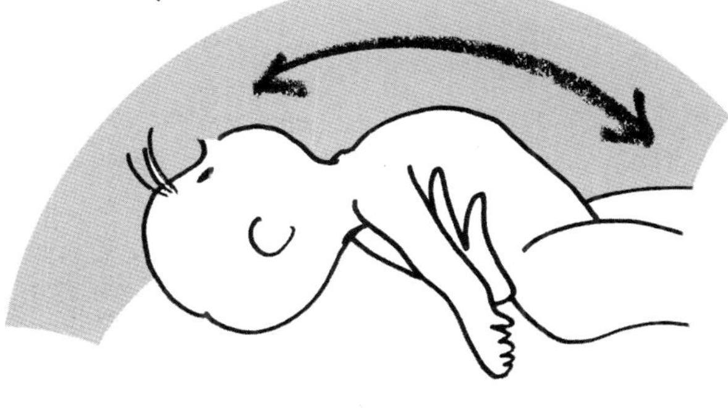

Der Schreitreflex

Diese Reflexe waren auch früher schon bekannt, man schenkte ihnen allerdings nur im Zusammenhang mit schweren Behinderungen Beachtung und sah keine oder nur eine geringe Verbindung zur intellektuellen und emotionalen Entwicklung eines „normalen" Kindes.

Haben Sie sich schon einmal gefragt, warum Babys, wenn sie auf dem Bauch liegen, immer zum Kopfteil ihres Bettchens kriechen?

Dies ist das Ergebnis des frühen Schreitreflexes: Werden die Fußsohlen des Kindes durch Kontakt mit einer Unterlage oder durch Berührung stimuliert (gereizt, angeregt), so streckt das Kind die Beine und bewegt sie vorwärts oder rückwärts, je nachdem, ob das Kind auf dem Rücken oder auf dem Bauch liegt.

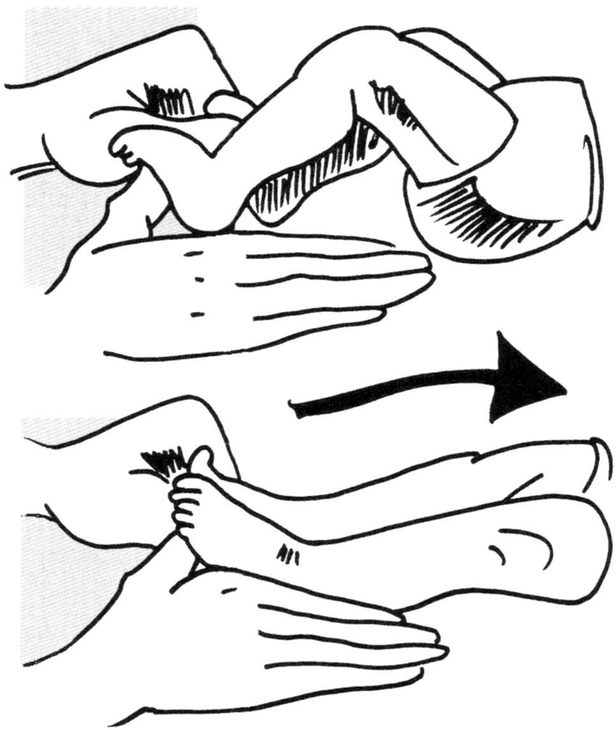

Stellreflexe

Der Amphibienreflex

Reflexe spielen eine wichtige Rolle in der Struktur, die die Grundlage für das Lernen bildet. Durch *Bewegung* macht das Baby motorisch-sensorische Erfahrungen, während es seine Welt erkundet. So unterstützt zum Beispiel der Amphibienreflex, der im Alter von etwa vier bis sechs Monaten auftritt, das Überwinden der früheren Reflexe.

Der Amphibienreflex löst ein automatisches Beugen von Arm, Hüfte und Knie auf einer Körperseite aus, wenn die Hüfte auf dieser Seite angehoben wird; dies fördert die unabhängigen Bewegungen von Beinen und Armen – eine wichtige Voraussetzung für das spätere Kriechen auf dem Bauch, das Krabbeln und die grobmotorische Koordination.

Dieser Reflex bleibt ein Leben lang bestehen – probieren Sie es aus!

Der Symmetrische tonische Nackenreflex (STNR)

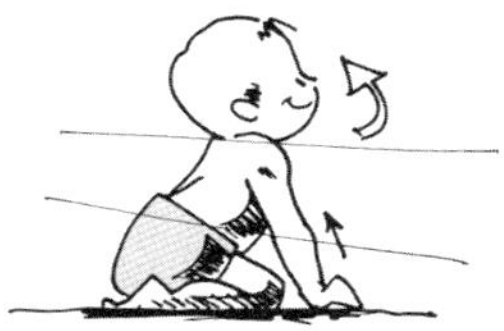

Nach der Phase, in der das Baby auf dem Bauch vorwärtsrobbt, tritt im Alter von ungefähr sechs bis neun Monaten der STNR auf, der dafür verantwortlich ist, dass die Arme sich strecken und die Beine sich beugen, wenn der Kopf nach hinten geneigt wird.

Bewegt sich der Kopf nach vorn, so strecken sich die Beine und die Arme beugen sich.

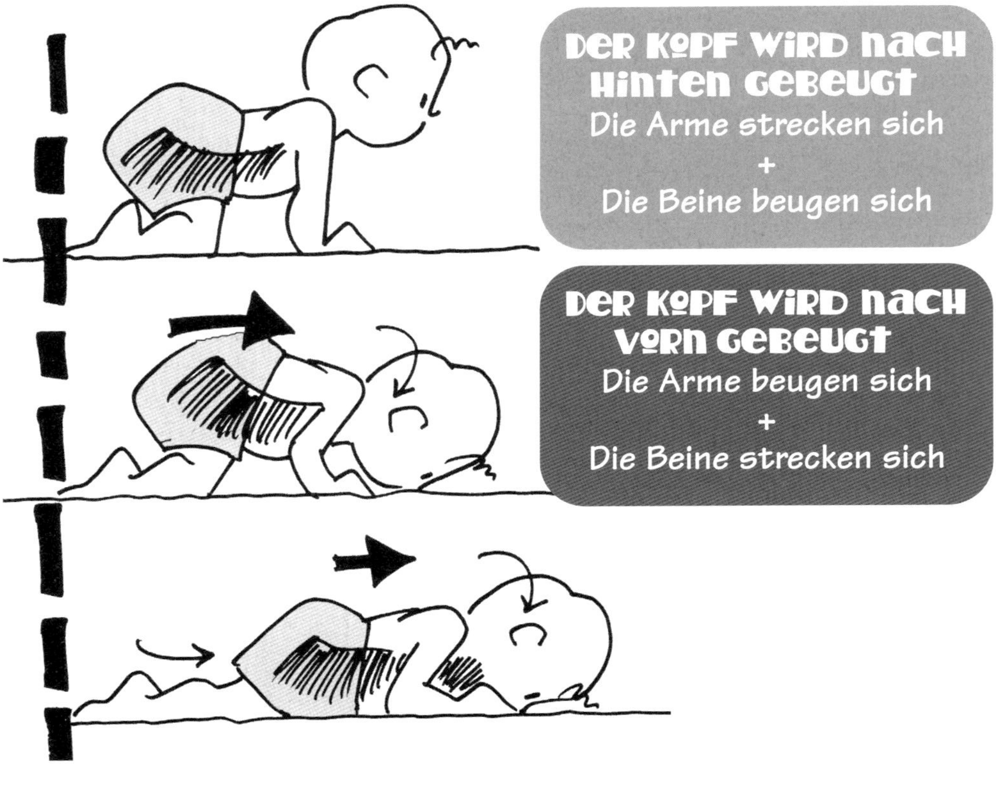

Solange dieser Reflex nicht gehemmt ist, kann das Kind sich häufig nicht vorwärtsbewegen! Faszinierend!

Der STNR wird häufig den frühkindlichen Reflexen zugeordnet.

Beim Krabbeln werfen Kleinkinder häufig ihren Kopf von einer Seite zur anderen und schaukeln vor und zurück – die natürliche Art, diesen Reflex zu integrieren.

Dieser Reflex, der bei der Geburt noch nicht vorhanden ist, trägt dazu bei, das Kind in eine aufrechte Position zu bringen.

Hat dieser Reflex seine Aufgabe bei der Entwicklung des Babys erfüllt, so verschwindet er.

Kriechen und Krabbeln

Kriechen und Krabbeln stimulieren wichtige Nervenpfade im Gehirn; dadurch werden die frühkindlichen Reflexe integriert, die die Entwicklung von Muskulatur, Körperkraft und Körperwahrnehmung fördern.

Lassen Sie sich nicht dazu verleiten, ihr Kind aufzusetzen. Sobald sein Rücken so stark ist, dass es sich aufrecht halten kann, wird es sich von selbst aufsetzen. Dies findet in der Regel zu Beginn der Kriech- und Krabbelphase statt.

Lassen Sie sich nicht ***dazu verleiten****, ihr Kind aufzusetzen. Sobald sein Rücken so stark ist,* ***dass es sich aufrecht halten kann****, wird es sich von selbst aufsetzen.*

Haben Sie Geduld! Lassen Sie Ihrem Kind Zeit, es wird garantiert laufen lernen!

Es kommt nämlich nicht darauf an, dass Ihr Kind möglichst ***früh*** *gehen lernt, sondern wie viel es über sich selbst und diese Welt lernt –* ***dies*** *hat den entscheidenden Einfluss auf die Entwicklung der Intelligenz.*

Sie können Ihr Kind beim Lernen und in seiner Entwicklung unterstützen! Intelligenz wächst nämlich nicht nur von allein, sie kann auch zum Wachsen ***gebracht*** *werden.*

Während der Krabbelphase beginnt das Kind sich an einem Möbelstück in eine stehende Position hochzuziehen und das Möbelstück zu umkreisen; dafür ist der STNR verantwortlich.

Lassen Sie sich nicht dazu verleiten, ihr Kind zum Laufen zu ermuntern; es hat noch 80 Jahre lang Zeit zu laufen!

In dieser Phase kommt es über einen Zeitraum von vier bis fünf Monaten auch zu einer explosionsartigen Vermehrung sensorischer und motorischer Reize (– Anregungen oder Herausforderungen für die Sinne und den Bewegungsapparat).

ZUSAMMENFASSUNG

- In den ersten Lebensjahren eines Kindes kommt es automatisch zu ganz bestimmten, in ihrer Abfolge festgelegten Ereignissen: Niemand muss einem Kind beibringen, wie man schreit, saugt, atmet, sich vom Rücken auf den Bauch und wieder zurück rollt oder wie man die Kontrolle über seinen Kopf erlangt; wie man auf dem Bauch vorwärtskriecht, um an seine Spielsachen zu gelangen; wie man auf allen Vieren krabbelt, sich aufsetzt, aufsteht, läuft, rennt, hüpft usw. All dies geschieht automatisch – vorausgesetzt, das Kind lebt in einer Umgebung, die all dies zulässt.

- Wir alle werden mit der gleichen „Hardware“ geboren, unsere Umgebung und unsere Erbanlagen können unsere Entwicklung jedoch beeinflussen.

- Wir alle lernen durch Nachrichten, die von unseren Muskeln und inneren Organen, von unseren Augen, Ohren, unserer Haut, von unserem Geruchssinn und unseren Geschmacksknospen an unser Gehirn gesandt werden. Es hängt von unserer Umgebung ab, wie stark diese Sinne stimuliert werden. So kann eine „normale Entwicklung“ stattfinden, es sei denn, wir sind genetisch anders „verdrahtet“.

- Unser Gehirn enthält Neuronen, Nervenzellen, die Nachrichten vom Körper empfangen und an ihn senden. Diese Neuronen vermehren, ja vervielfachen sich – dies ist das Ergebnis der normalen menschlichen Entwicklung, die wiederum von der Umgebung und den Erbanlagen abhängig ist.

* Unser Gehirn entwickelt sich nach einer bestimmten Hierarchie. Die *vollständige* Entwicklung hängt von der Entwicklung der „unteren", tieferen Gehirnbereiche ab.

* Unser Gehirn besteht aus zwei Hälften, die zusammenarbeiten; bei bestimmten Aufgaben übernimmt eine Hälfte die Führung. Beispielsweise kann bis zum Alter von etwa sechs Jahren die rechte Gehirnhälfte besser lesen lernen als die linke!

2 Die Software:

eine anregende Umgebung

Erfahrung ist lebenswichtig.

Umweltfaktoren

Die frühkindliche Entwicklung ist eine geordnete, vorhersagbare, zusammenhängende Abfolge von Entwicklungsschritten, deren Ergebnis die Fähigkeit zu lernen ist.

Ausgestattet mit einer guten Grundlage kann das menschliche Gehirn sich ein Leben lang weiterentwickeln und immer wieder anpassen. Sein bereits bei der Geburt riesiges Potenzial an Synapsen (Nervennetzwerk) kann sich den Teil des „Alten“, des Überlieferten, der bisherigen Erfahrungen der Menschheit, zu eigen machen, der noch immer wichtig ist – und doch steht ihm noch ausreichend Raum zur Verfügung, um sich auch die *neuen* Fertigkeiten anzueignen, die ein neues Jahrhundert von ihm fordert.

Jean Piaget, international bekannt für seine Beobachtung der kindlichen Entwicklung, betonte stets die Bedeutung der frühen Sinnes- und Bewegungsentwicklung als Anreger für die Entwicklung der Intelligenz.

Die Effektivität eines jeden Entwicklungsabschnitts hängt vom Grad der Funktionsfähigkeit der jeweils darunter liegenden Entwicklungsstufe ab; dies wird durch die Abbildung auf der nächsten Seite verdeutlicht.

Wurde in frühester Kindheit ein Entwicklungsabschnitt „ausgelassen", so können dadurch Lernvermögen und Verhalten des Kindes beeinträchtigt werden.

Die Entwicklung verläuft spiralförmig über verschiedene Abschnitte oder Stufen hin. Im Folgenden gehen wir auf jeden Abschnitt und die dazugehörige Altersgruppe genauer ein.

Entwicklungs-abschnitt | **Entsprechende Altergruppen**

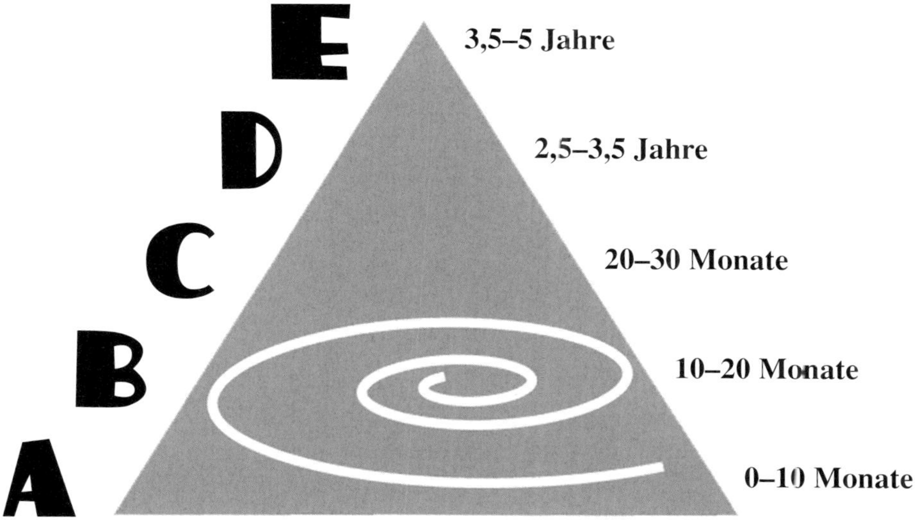

Entwicklungsabschnitt A: 0 bis 10 Monate

Neugeborene verfügen über ein vollständiges „Sortiment" an Neuronen, es sind jedoch zunächst nur diejenigen aktiv, die für Funktionen des Überlebens zuständig sind, wie etwa Atmung und Verdauung.

Die Schlüsselbereiche sind in diesem Alter:

Die Gehirnzellen eines Kindes vervielfachen sich vom Augenblick der Geburt an ständig und gehen Verbindungen ein, die die Erfahrungen eines ganzen Lebens prägen können. Die ersten drei Jahre sind entscheidend.

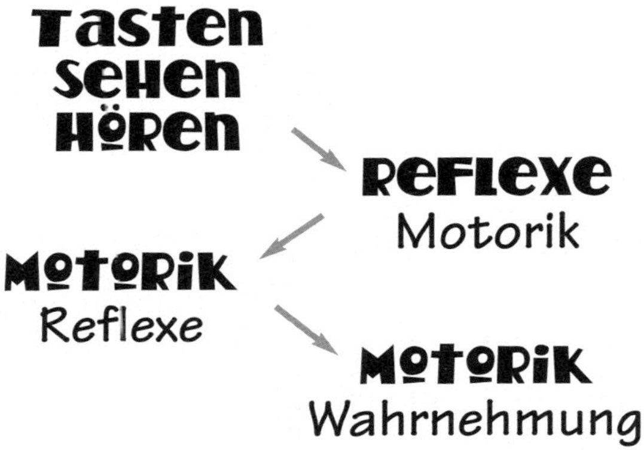

Die normalen Bewegungen des Kleinkindes (die ursprünglich von den frühkindlichen Reflexen ausgelöst werden) fördern die für die geistige, körperliche und emotionale Entwicklung grundlegenden Fertigkeiten; diese Entwicklung kann dann stattfinden, wenn für eine angemessene Umgebung gesorgt ist, die die Wiederholung von Erfahrungen ermöglicht.

Das Gehirn eines Kleinkinds ist wie ein Schwamm – es ist sein natürliches Bestreben, alles in seiner Umgebung aufzunehmen und zu lernen.

Die „Fenster" für das Fühlen, für Sprache, Bewegung und Sehen sind von frühester Kindheit an offen.

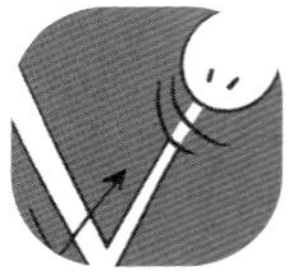

Nach der Geburt ist die „Bauchzeit“ am wichtigsten

Wie gut dem Baby diese „Bauchzeit“ tut, das hängt von der Gestaltung der Umgebung ab.

Sorgen Sie also dafür, dass der Boden für Ihr Baby keine Gefahren birgt und dass er sauber, warm, glatt, fest und flach ist; ideal ist zum Beispiel eine Decke auf dem Teppichboden.

Lassen Sie Ellbogen, Knie und Füße Ihres Babys unbekleidet, damit es Hautkontakt zur Unterlage hat.

Zu viel Kleidung schränkt die Bewegungsfreiheit Ihres Babys ein und damit auch die Möglichkeit zu ausreichender Anregung – Babys sind am besten nur mit Windelhöschen und T-Shirt bekleidet.

Ein Kleinkind krabbelt vielleicht nur ein paar Wochen – oder aber fünf Monate lang; das hängt von seiner natürlichen „inneren Uhr“ ab.

In der Zeit, in der Ihr Kind auf dem Bauch liegt, bewegt es sich in einem Wunderland von Wahrnehmungs- und Bewegungsreizen; sie führen zu einem großen Schritt in der Gehirnentwicklung.

Wegen der Gefahr des plötzlichen Kindstodes sollten Kleinkinder nicht auf dem Bauch ***schlafen****. Wenn sie* ***wach*** *sind, sollten sie jedoch möglichst viel auf dem Bauch liegen; dies trägt dazu bei, dass die frühen Reflexe die Sinneswahrnehmungen anregen und ihre Aufgabe bei der Entwicklung des Muskeltonus, der Bewegung sowie bei der* ***allgemeinen*** *Entwicklung erfüllen können.*

Ziel der elterlichen Fürsorge sollte ***nicht das Beschleunigen*** *der kindlichen Entwicklung sein, sondern das vollständige Aktivieren der Anlagen und Fähigkeiten des Kindes von Anfang an.*

Es gibt fast nichts, was für die Entwicklung des Kindes, für seine „Ausbildung" von so entscheidender Bedeutung ist wie seine Erkundungen und Erfahrungen in den Bereichen Wahrnehmung und Bewegung – darauf gründen die höheren Bereiche der Intelligenz.

Für alle Babys ist es daher wichtig, dass nach der Geburt für eine angemessene Umgebung gesorgt ist. In diesem ersten Entwicklungsabschnitt gibt es viele Aspekte, die zu diesem anregenden Umfeld beitragen.

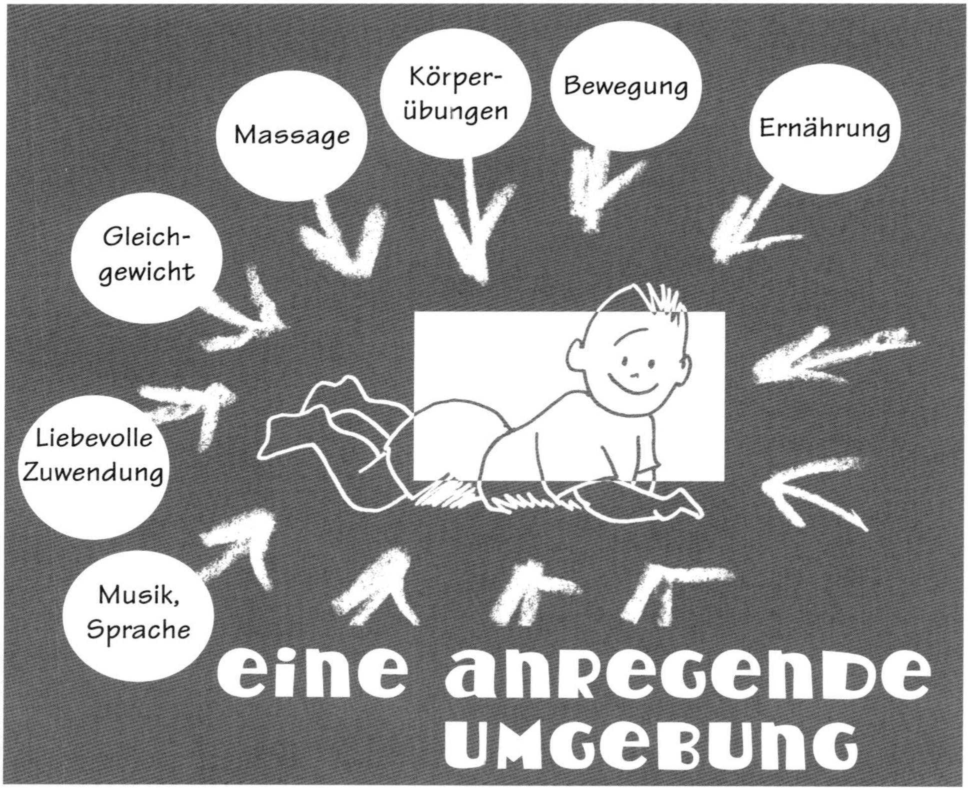

Ihr Kind freut sich, wenn es Ihre Stimme hört und ganz einfache Bilder betrachten kann. Die Bücher von Dick Bruna sind für dieses Alter besonders geeignet; fragen Sie Ihren Buchhändler danach.

Legen Sie Ihr Kind auf den Bauch und streichen Sie ihm sanft von oben nach unten über den Rücken.

Stellen Sie einen Spiegel oder ein Spielzeug vor Ihr Kind hin und regen Sie es damit an, den Kopf zu heben.

Setzen Sie sich zu Ihrem Kind auf den Boden, Kinder lieben das. Vielleicht robbt Ihr Kind zu Ihnen, damit Sie es umarmen.

Stellen Sie Gegenstände ins Blickfeld Ihres Kindes, auf die es sich zubewegen kann. Es besteht kein Anreiz für Ihr Kind sich zu bewegen, wenn es sozusagen von Dingen eingemauert ist.

Legen Sie Ihr Kind auf den Bauch, so wird es sich herausgefordert fühlen, den Kopf zu heben und sich die Kontrolle über Hals und Kopf zu erarbeiten.

Nehmen Sie Ihr Baby auf den Arm, und zwar so, dass es mit dem Bauch auf Ihrem Arm liegt; so unterstützen Sie die Entwicklung des Oberkörpers.

Sorgen Sie dafür, dass auch Verwandte und Freunde nicht versuchen, Ihr Kind zum Laufen zu animieren.

In der Küche können Sie – wenn nötig – Babygitter verwenden, damit Ihnen Ihr Kind nicht zwischen die Füße gerät. Aber gönnen Sie ihm unbedingt Spiel und Spaß mit Kunststoffschüsseln, Töpfen und Pfannen!

Solche Gegenstände sind für Ihr Kind Quellen des Vergnügens und des Lernens. (Versehen Sie die Schränke, die Ihr Baby *nicht* öffnen soll, mit kindersicheren Verschlüssen.)

Bewegung

Mit der Zeit gewinnt das Kind immer mehr bewusste Kontrolle über seine Reflexbewegungen und lernt dabei, wie es seine Arme und Beine koordiniert durch den Raum bewegen kann; Sehen, Hören, Tast-, Geschmacks- und Geruchssinn sowie die Muskulatur entwickeln sich.

Das Kind wird immer mehr Kraft in seiner Nackenmuskulatur entwickeln und kann seinen Kopf kontrollieren, es kann sich rollen, auf dem Bauch vorwärtsrobben und als Nächstes auf Händen und Knien krabbeln, es wird schließlich von alleine sitzen und stehen können – vorausgesetzt, es hat genügend Zeit auf dem Bauch verbracht. Wir müssen nur für die richtige Umgebung sorgen, den Rest besorgt die Natur!

Im Alter von acht Monaten hat das Kleinkind einen Entwicklungsabschnitt hinter sich gelassen, der aus einer ersten Begegnung mit der Welt über die Sinne und grundlegende motorische Fertigkeiten bestand; nun beginnt das Kind, seine Aufmerksamkeit gezielt auf kleine Gegenstände zu richten. Diese Zeit ist reich an Erkundungen in den Bereichen Wahrnehmung und Bewegung.

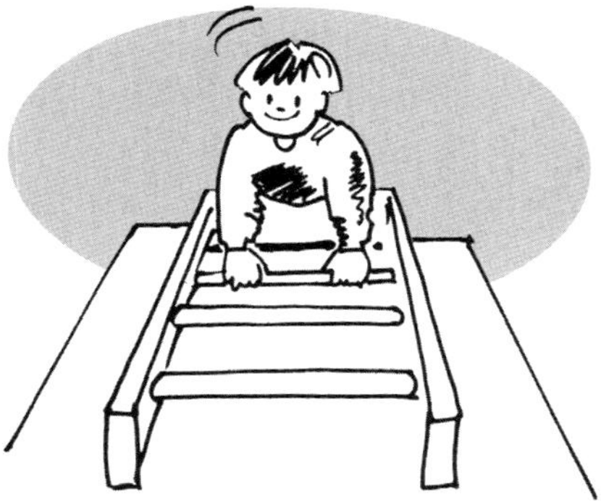

Schon bevor sie laufen lernen, können Kinder klettern; ähnlich wie sie über den Boden kriechen, erklimmen sie auch eine Leiter.

Warum sollte man dem Baby nicht eine „Rampe" bauen (legen Sie zum Beispiel das Bügelbrett von der Sitzfläche des Sofas zum Boden) oder eine kleine Leiter geben, an der es nach oben oder nach unten klettern kann – je aufrechter die Rampe oder Leiter steht, desto leichter fällt dem Kind das Klettern.

Lassen Sie ruhig zu, dass Ihr Kind sich in einem gewissen Rahmen schmutzig macht. Im Garten, im Hof oder in einem nahe gelegenen Park gibt es sicherlich einen großen Vorrat an Blättern und Erde, an Stöckchen und Steinen – Spielsachen, die nichts kosten.

Unsere Kinder müssen eine ganze Menge von Dingen erkunden, sie müssen sie fühlen, riechen und schmecken, um ihre Welt kennen zu lernen.

Bauen Sie einen Hindernisparcours von einem Zimmer zum anderen – ihr Kind soll dann herausfinden, wie es seinen Körper unter/über/durch die Hindernisse bewegen kann: Stühle, Kissen, kurze „Tunnels" – eine Decke oder ein Tuch zwischen zwei Stühlen aufgehängt …

Babys „Sportplatz“: der Fußboden

Der Fußboden ist Babys Sportplatz oder Turnhalle – lassen Sie Ihr Kind dort in Ruhe seine Erfahrungen machen. Wird das Kind daran gehindert, sich frei zu bewegen, so kann dies motorische und psychische Probleme nach sich ziehen.

Kleinkinder erkunden ihre Welt kriechend und krabbelnd; dabei lernen sie Klänge und Geräusche, Gerüche und Geschmäcker kennen und machen Erfahrungen mit Fühlen, Sehen und Hören. Gleichzeitig empfängt ihr Gehirn Hunderte von Nachrichten aus Berührung und Körperhaltung, die in Informationen über ihren Körper und über ihre Position im Raum umgewandelt werden.

Denken Sie daran, dass es innerhalb dieses Entwicklungsabschnitts zu einer explosionsartigen Zunahme von Wahrnehmungs- und Bewegungsreizen kommt; dies spielt sich gewöhnlich im vierten oder fünften Monat ab und ist von der Umgebung und den Lebensumständen abhängig.

Denken Sie nur einmal an die Entwicklung der Handgeschicklichkeit! – Nehmen Sie sich einmal die Zeit und beobachten Sie die Präzision, mit der Ihr Kind beide Hände einsetzt, welche Koordinationsleistungen dies erfordert und welche visuellen Erfahrungen darin bereits enthalten sind. Der Abstand zwischen Händen und Augen (beim Krabbeln) entspricht dem Leseabstand bei einem sechsjährigen Kind.

Beobachten Sie den Bewegungsrhythmus und wie Ihr Kind automatisch eine Hand und das gegenüberliegende Knie benutzt (Überkreuzmuster); es bewegt sich flink und geschickt umher und dabei entwickeln sich Fertigkeiten des Sehens und der Gleichgewichtssinn ständig weiter.

Seien Sie sehr kritisch gegenüber den modernen Hilfsmitteln, die massiv in die Kriech- und Krabbelphase Ihres Babys eingreifen.

Sollten Sie aus bestimmten Gründen auf solche Hilfsmittel angewiesen sein, so bedenken Sie bitte:

Gitterbettchen und Laufgitter schränken die normalen Bewegungen ein – benutzen Sie diese Hilfsmittel deshalb immer nur kurz, zum Beispiel während Sie Vorbereitungen treffen, um auszugehen. Wippen mit festen Rückenlehnen sind aus medizinischer Sicht vorzuziehen, jedoch nicht wirklich empfehlenswert.

"Laufhilfen" sind sogar gefährlich!

Sie greifen negativ in die Krabbelphase Ihres Kindes ein. Solche Geräte sollten Sie noch nicht einmal weiterschenken – am besten „entsorgen" Sie sie!

Zum Ausgleich für jede Minute, die Ihr Baby in einem solchen Gerät festgehalten wird, muss es zehn Minuten krabbeln.

Derartige Eingriffe in die natürliche Entwicklung haben ihren Preis. Laufgitter sind in diesem Entwicklungsstadium eine Katastrophe, weil das Kind sich am Gitter in eine stehende Position hochzieht und daran entlangläuft, anstatt auf allen Vieren seine Umgebung zu erforschen.

Ein Baby beginnt dann zu laufen, wenn die natürliche Entwicklung an diesen Punkt kommt.

Versuchen Sie nicht, Ihr Kind so früh wie möglich zum Laufen zu bewegen – die Entwicklung seiner Intelligenz hängt nicht davon ab, wie früh es zu laufen beginnt, sondern davon, wie viel es über sich selbst und diese Welt lernt.

Sie können Ihr Kind in seiner Entwicklung und in seinem Lernen unterstützen; Intelligenz wächst nämlich nicht nur von selbst, sie kann auch im Wachstum gefördert werden.

Lassen Sie Ihrem Kind Zeit, es wird sitzen und laufen, sobald der richtige Zeitpunkt da ist.

Für die Entwicklung des Tastsinns sind nackte Füße am besten, denn: Die Augen sollten das sehen, was die Füße gleichzeitig spüren.

Lassen Sie die Natur (mit Hilfe der frühkindlichen Reflexe) das Tempo der Entwicklung bestimmen. *Ihre* Aufgabe besteht „nur“ darin, eine geeignete Umgebung mit anregenden Möglichkeiten zu schaffen.

Die normale Entwicklung verläuft so, dass nach der Hemmung der Reflexe die Zeit „auf dem Bauch“ folgt.

Ungefähr ab dem fünften Monat beginnt das Kind damit, sein Weinen gezielt einzusetzen, um sich Zuwendung und Gesellschaft zu verschaffen; es weint dann nicht immer, weil ihm etwas wehtut oder weil es sich unwohl fühlt.

Die Wahrscheinlichkeit, dass ein Kind sich langweilt, ist umso geringer, je früher es sich frei bewegen kann. Die Natur hält immer zur richtigen Zeit die richtige Lösung bereit, vorausgesetzt, das Kind hat ausreichend Zeit „auf dem Bauch" verbracht.

Aufmerksamkeit und Verhalten

Kein Mensch verwöhnt und verhätschelt sein Kind absichtlich; Tatsache ist jedoch, dass Kleinkinder einen Haushalt auf den Kopf stellen!

Am Anfang sind junge Eltern oft so vernarrt in „ihr Kleines", dass sie alles andere vergessen; werden die lieben Kleinen dann allerdings älter, fordernder und schwieriger, kann es passieren, dass sie das Kommando über den Haushalt übernehmen, wenn die Eltern nicht auf der Hut sind.

Bis zu einem Alter von etwa fünfeinhalb Monaten brauchen Kinder sehr viel Aufmerksamkeit von Ihrer Seite. Sie können Hunger oder Blähungen haben oder sich aus zahllosen anderen Gründen unwohl fühlen. Es ist unumgänglich, natürlich und in der Regel auch notwendig, ein Neugeborenes zu trösten.

Ab dem sechsten Lebensmonat (oder auch schon etwas früher) kommt dann jedoch das gezielte Weinen ins Spiel; das Kind ist in diesem Alter in der Lage, ein Spielzeug auf der anderen Seite des Zimmers wahrzunehmen; und wenn es sich nicht dorthin bewegen und das Spielzeug holen kann (was häufig der Fall ist, wenn das Kind nicht ausreichend Zeit „auf dem Bauch" verbracht hat), weint es, um Aufmerksamkeit auf sich zu lenken.

Langeweile und Frustration beginnen häufig im Alter zwischen fünfeinhalb und siebeneinhalb Monaten und können dann zum Dauerzustand werden. Das führt zum immer häufigeren Einsatz des gezielten Weinens.

Das Kind hat nun bereits gelernt, wie es seine „Langeweile" abstellen kann:
Es weint und schon kommt jemand angerannt!

Massage

Massage ist für die gesamte frühkindliche Lebensphase sehr wichtig und darüber hinaus entscheidend für die Hemmung der Reflexe, für Körperwahrnehmung und Bewegung.

Massage unterstützt außerdem die Verbundenheit zwischen Eltern und Kind, verleiht der Haut und den Muskeln Spannkraft und regt die inneren Organe sowie die Wahrnehmung des eigenen Körpers und des eigenen Selbst an. Massage kann mit Nahrung verglichen werden – sie macht äußerlich entspannt und glücklich und innerlich zufrieden.

Ein guter Zeitpunkt für das Massieren Ihres Babys ist während und nach dem Baden oder nach einem Schläfchen.

Babys mit Berührung zu verwöhnen heißt, ihre Haut und ihren Rücken (und damit ihre Seele) zu nähren; das ist genauso wichtig wie ein volles Bäuchlein.

Ist Ihr Kind schon mobil, so passen Sie Ihre Massagetechnik einfach den Gegebenheiten an: Waschen Sie Ihr Kind in der Badewanne mal mit härteren, mal mit weicheren Waschlappen, mit Schwämmen oder anderen Waschutensilien. Rollen Sie verschiedene Plastikflaschen oder andere Gegenstände über seine Haut oder reiben Sie es mit einer weichen Bürste ab. Trocknen Sie Ihr Kind anschließend mit unterschiedlichen (weichen und härteren) Handtüchern ab – und vergessen Sie die Füße nicht! Ihr Kind wird sie die nächsten 80 Jahre noch dringend brauchen und sie verdienen deshalb etwas mehr Aufmerksamkeit.

Es gibt überall Einrichtungen, die Kurse für Babymassage anbieten; außerdem gibt es darüber viele gute Bücher.

Die Fingerspitzen sind die Körperteile mit der größten Sensibilität.

Und vergessen Sie auch die Hände nicht – sie sind unser gelehrigstes Organ. Unsere Fingerspitzen verfügen über eine enorme Sensibilität – denken Sie beim Massieren daran!

Körperliche Übungen

Wie das Massieren bringen körperliche Übungen dem Kind lebensnotwendige Anregungen für die Sinne und die Muskulatur.

Planen Sie nach dem Massieren oder nach dem Baden regelmäßig ein wenig Zeit für körperliche Übungen ein. Diese sind natürlich nicht gerade dann angebracht, wenn das Kind weint, weil es Hunger hat, oder unmittelbar nach einer Mahlzeit.

Beginnen Sie zunächst mit einer sehr kurzen Übungsphase. Finden Sie heraus, wie Sie Ihr Kind am besten halten, um seine Muskeln anzuregen und zu stärken und ihm gleichzeitig den größtmöglichen Halt zu geben. Auch hierfür gibt es überall Einrichtungen, die zum Beispiel Kurse für Mutter-Kind-Turnen anbieten.

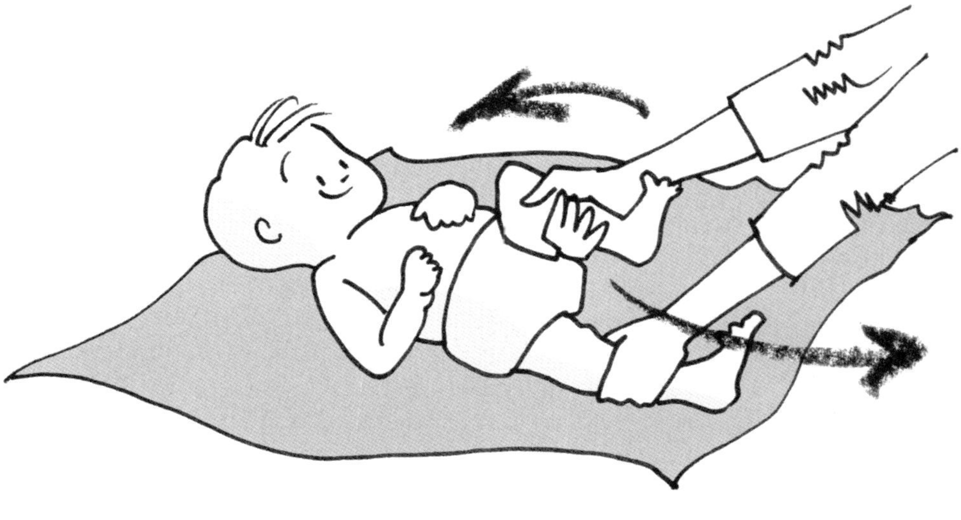

Den Gleichgewichtssinn fördern

Gleichmäßige Schaukelbewegungen können dazu beitragen, ein Kleinkind zu beruhigen; darüber hinaus fördern sie die Entwicklung des Gleichgewichtssinns, der Augenbewegungen und der allgemeinen Koordination aller Sinnesinformationen. Das beste Beispiel hierfür sind Fahrten mit dem Kinderwagen über holprige Wege – dabei schlafen Kleinkinder besonders gut ein.

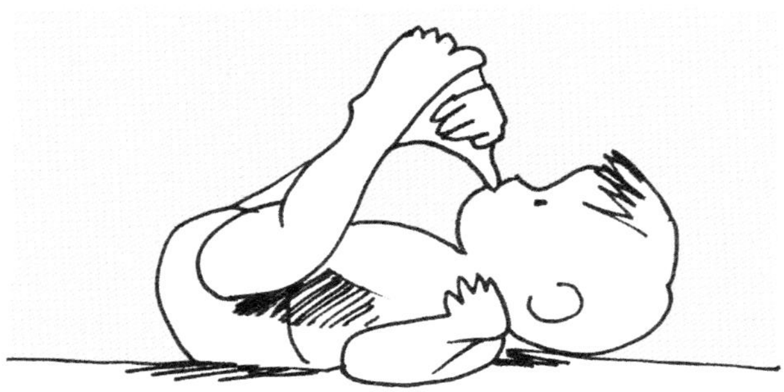

Lassen Sie zu, dass Ihr Kind sich in der Badewanne streckt und dass es im Wasser um sich tritt, und lassen Sie es nackt auf dem Fußboden umherkriechen und krabbeln, damit es seinen Körper fühlen und sich unbeschwert bewegen kann.

Platzieren Sie Spielzeuge in Reichweite Ihres Kindes und/oder hängen Sie interessante Gegenstände in seiner Reichweite auf, wie zum Beispiel Alufolie, Teller aus Kunststoff, Glöckchen, Taschen, Stoffrollen, Schwämme und Quasten. Spielen Sie Zehen- und Fingerspiele und binden Sie Glöckchen an Hand- und Fußgelenke. Lächeln Sie Ihr Kind an und unterhalten Sie sich in gurrenden Babylauten mit ihm!

Die Schulung des Gleichgewichtssystems im Innenohr ist von lebenswichtiger Bedeutung; sie lässt sich durch unterschiedlichste Aktivitäten fördern: Wiegen Sie Ihr Kind (von einer Seite zur anderen oder vor und zurück), halten Sie es auf den Knien und lassen Sie es sanft nach hinten sinken, wo Sie es an einem bestimmten Punkt wieder festhalten; schwingen Sie Ihr Kind auf und ab, rollen Sie es vorsichtig über den Boden, machen Sie mit dem Kind auf dem Arm Hüpfbewegungen, wirbeln Sie es (sanft) herum, tanzen Sie; ist das Kind alt genug, um sich selbstständig zu bewegen, so animieren Sie es dazu, sich so schnell es geht um sich selbst zu drehen.

Es gibt Belege dafür, dass Kinder, die viele Kinderreime gelernt haben, leichter lesen lernen. Und es macht Spaß, so mit Sprache umzugehen.

Rhythmus und Musik unterstützen die Entwicklung des Gehörs, der Sprache und der Koordination.

Es heißt, unser Hörorgan im Innenohr sei nichts anderes als ein hoch spezialisierter, verfeinerter und empfindlicher Empfänger für Tastinformationen.

Die Anregungen, die ein Kind erhält, wenn es im Rhythmus eines Kinderreimes auf und ab geschaukelt wird, sind nicht zu vergleichen mit denen, die es bekommt, wenn es passiv vor dem Fernseher sitzt und ein Video anschaut.

Sprechen

Sprechen Sie mit Ihrem Kind! Kleinkinder müssen Gesprochenes hören, damit sie sprechen lernen. Nur so lernen sie, Wörter mit dem in Verbindung zu bringen, was sie sehen und fühlen.

Am Anfang steht das *Verstehen*, dann folgen die ersten Versuche, sich auszudrücken und sich verständlich zu machen; schließlich beginnt die Sprache zu fließen.

Gehen Sie umher, während Sie mit Ihrem Kind sprechen; so kann es lernen, Hören und Sehen zu koordinieren.

Probieren Sie einmal, Glöckchen an seinen Hand- oder Fußgelenken zu befestigen; damit helfen Sie ihm, Hände, Füße und Sehen zu koordinieren.

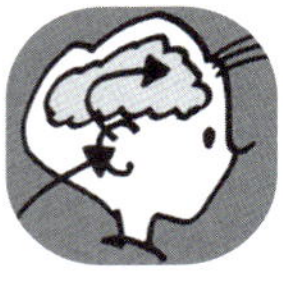

Zeigen Sie Ihrem Kind Bilder, auf denen Gegenstände in einfachen Umrissen dargestellt sind. Die meisten Kinder mögen es sehr, wenn man ihnen vorliest. Es ist ihnen nicht so wichtig, *was* Sie lesen – sie lieben einfach den Klang Ihrer Stimme.

Wenn Sie einmal nicht die Energie haben etwas vorzulesen, so erzählen Sie einfach etwas über ein Bild, das Sie beide sehen.

Wenn das Interesse an Geschichten zunimmt, möchten Kinder am liebsten immer wieder *dieselbe* Geschichte hören, die sie sich genau einprägen; und wehe dem, der es wagt, auch nur ein Wort daran zu verändern!

Sobald die Kinder selbst lesen können, hören die Eltern oft damit auf, Geschichten zu erzählen oder vorzulesen. Das nimmt dem Kind die Gemeinsamkeit, die Sicherheit und die Freude, die sich einstellen, wenn man gemeinsam eine gute Geschichte hört.

„Mein kleiner Sohn und ich
Wir legen uns nieder
auf mein großes, weiches Bett.
Das ist gut für uns're müden Glieder,
denn es war heut' schon sehr nett
und ist fast schon Zeit für's Bett.
Dann lesen wir noch
in unserem Lieblingsbuch,
mein kleiner Sohn und ich.
Er purzelt auf meinem Badetuch
und quietscht dabei vor Glück.
Wie heißt nun dieses erstaunliche Stück,
das wir immer lesen so nett,
bevor wir gehen zu Bett?
Es heißt ‚Grundlagen der Medizin'
und wir lesen es beide sehr fleißig –
er ist zwar erst fünf Monate alt,
doch ich bin schon dreiunddreißig."

Beim Erfinden von Geschichten und Gedichten können Sie Ihrer Phantasie freien Lauf lassen. Es soll ja auch Ihnen Spaß machen!

Die Umgebung

Licht und Bewegung fördern das Sehvermögen.

Es ist einfach, eine Umgebung zu schaffen, die auf Ihr Kind anregend wirkt.

Sorgen Sie für gedämpftes Licht im Kinderzimmer – Ihr Kind sollte die Lichtquelle *sehen* können.

Spielen Sie zusammen mit dem Kind Spiele und Kinderreime wie „Backe, backe Kuchen". Damit unterstützen Sie die Koordination von Augen, Händen und Füßen.

Verändern Sie den Abstand des Mobiles über dem Bett Ihres Kindes. Dieser Abstand sollte zunächst ziemlich groß sein; ist das Kind dann zwei bis drei Monate alt, sollten Sie den Abstand verringern; das Kind erreicht herunterhängende Spielsachen zunächst nur mit den Augen, erst im zweiten Schritt greift es danach.

Geben Sie Ihrem Kind, sobald es drei bis vier Monate alt ist, große Bauklötze, die es aneinander schlagen kann; geben Sie ihm auch Rasseln und Glöckchen.

Bewegen Sie sich selbst häufig. Sie helfen damit Ihrem Kind zu lernen, die Ausrichtung seiner Augen entsprechend anzupassen.

Lassen Sie Bälle rollen, die Ihr Kind beobachten und nach denen es greifen kann und die es dann wieder loslässt.

Geben Sie Ihrem Kind zum Spielen Gegenstände in kräftigen, klaren Grundfarben. Achten Sie darauf, dass die Farben keine Schadstoffe enthalten, denn ihr Kind wird die Spielsachen in den Mund nehmen!

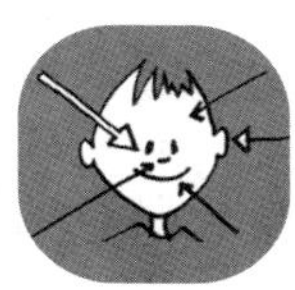

Sorgen Sie dafür, dass Ihr Kind von Geburt an viel Zeit auf dem Bauch verbringt. Die Bedeutung dieser Phase kann nicht häufig genug betont werden.

Verändern Sie von Zeit zu Zeit die Position des Kinderbettchens – so erhält Ihr Kind die Möglichkeit, immer wieder unterschiedliche Dinge anzuschauen.

Schieben Sie den Kinderwagen unter Gegenstände, die sich bewegen, wie zum Beispiel die Blätter eines Baumes.

Entwicklungsabschnitt B: 10 bis 20 Monate

Bewegungen, bei denen auf beiden Körperseiten dieselben Bewegungen ausgeführt werden, sind der Schlüssel zu diesem Entwicklungsabschnitt.

Die meisten Kinder beginnen in diesem Alter zu laufen, einige brauchen noch etwas länger. Die Natur entscheidet, ob ein Kind noch etwas länger krabbeln und kriechen muss und etwas später als üblich zu laufen beginnt.

Krabbelt Ihr Kind ungewöhnlich lange oder in einem späteren Alter nochmals – lassen Sie es gewähren. Denken Sie immer daran, dass Krabbeln und Kriechen Ihrem Kind helfen zu lernen und sich zu entwickeln.

Ab dem siebten Lebensmonat ist Ihr Kind bereits geschickter und mobiler und geht selbstständig auf Entdeckungsreise.

Dies ist der Moment, in dem erste Verhaltensregeln aufgestellt werden müssen. Versäumen Sie diesen Zeitpunkt, so wird sich das Problem des angemessenen Verhaltens immer schwieriger gestalten.

Aufgrund seines kurzen Gedächtnisses und seiner angeborenen Neugier lässt sich das Kind in diesem Alter noch sehr leicht ablenken.

Je früher Ihr Kind sich selbstständig bewegen kann, umso geringer ist die Wahrscheinlichkeit, dass es sich langweilt und deshalb nörgelt und weint, weil es auf den Arm genommen werden will.

Aufgrund vielfältiger Wahrnehmungs- und Bewegungserfahrungen ist Ihr Kind jetzt in der Lage, Informationen besser zu verarbeiten, indem es diese vergleicht und zusammenfügt.

Drängen Sie Ihr Kind nicht zum Laufen und sorgen Sie dafür, dass auch andere Bezugspersonen nicht versuchen, das Kind zum Laufen zu animieren.

Wenn es dann einmal laufen kann, heben Sie Ihr Kind nicht über Rinnsteine und ähnliche kleine Hindernisse hinweg. Geben Sie ihm die Chance, seine Muskulatur, sein Gleichgewicht und sein Denkvermögen zu entwickeln.

Bewegen Kinder dieses Alters sich auf Gegenstände oder Geräusche zu, so passen sie ständig ihre Augen an. Sie erkunden ihre Welt und lernen dabei Größe und Gewicht von Gegenständen kennen – häufig, indem sie diese in den Mund stecken.

Mit einem oder zwei einfachen Wörtern beginnt das Kind nun, Laute auszuprobieren. Noch drückt es seine Bedürfnisse hauptsächlich durch „Brabbeln“ und durch Gesten aus; es versteht jedoch schon einfache Anweisungen.

Dieses Alter ist eine wichtige Zeit für die Entwicklung des Zuhörens. Während *Hören* einfach die passive Aufnahme von Geräuschen ist, bedeutet *Zuhören* mehr, nämlich Interpretieren (Entschlüsseln, Deuten, Verstehen) des Gehörten durch das Zentralnervensystem.

Außerdem lernen die Kinder nun Gleichgewicht und Körperbewegungen besser zu kontrollieren. Wenn sie einmal laufen gelernt haben, suchen sie abschüssige Stellen oder Strecken, um ihr Gleichgewicht zu üben.

Was Kinder in diesem Alter gewöhnlich gerne tun: Gefäße mit Wasser oder Sand füllen und wieder auskippen – egal wo. An allem wird geschubst und gezerrt oder es werden Dinge fast zwanghaft zerstört, die sich innerhalb ihrer Reichweite befinden; dabei wird die Hand-Augen-Koordination eingeübt und die Kinder lernen, was Größe, Form und Gewicht bedeuten.

Auch Essen herumzuwerfen ist dann eine „beliebte" Möglichkeit, etwas über Raum und Zeit zu lernen und das Öffnen der Hand oder Loslassen zu üben.

Kinder machen sich mit fremden Dingen vertraut, indem sie sie berühren und mit den Händen abtasten; sie verbessern ihr Verständnis unbekannter Worte oder Ausdrucksweisen, indem sie Fragen stellen oder Verhaltensweisen ausprobieren.

Aufgrund ihrer Erkundungen haben Kleinkinder mit 18 Monaten schon eine deutlich bessere Wahrnehmung und ein besseres Verständnis einer recht großen Anzahl von Gegenständen.

Sie können ihr Gleichgewicht besser halten und sind dadurch gewöhnlich sehr aktiv und äußerst furchtlos und klettern an allem herum und überall hinauf. Manche können sogar schon rennen. Sie können beide Beine gleichzeitig, im gleichen Takt einsetzen, was rasante Fahrten mit dem „Rutschauto“ zur Folge hat.

Einige lernen, sich mit den Händen an den Handtuchhalter im Badezimmer oder an die Kante des Küchentischs zu hängen. Hindern Sie Ihr Kind nicht daran – bringen Sie lieber ein Trapez in Ihrer Wohnung an, alle Kinder aus der Nachbarschaft werden Sie dafür lieben! Dieses Hängen an den Händen verbessert die Muskelspannung und das Koordinieren kleiner und kleinster Bewegungen, die sogenannte feinmotorische Koordination.

Beim Rennen lernen die Kinder, was Richtung, zeitliche Abstimmung und Rhythmus (Zeitwahrnehmung) sind.

Sie versuchen Bälle (oder Gegenstände) zu werfen und beobachten, wo diese landen – so lernen sie die Schwerkraft kennen und gewinnen Kontrolle über ihre Greifreflexe.

Beim Umherrennen und Klettern entwickeln sie Handgeschicklichkeit und Sehvermögen.

Im Alter von zwanzig Monaten müssen viele Kinder nicht mehr alles berühren, schmecken, sehen und riechen, um zu verstehen, worum es sich handelt. Sie kennen jetzt sogar schon ihre wichtigsten Körperteile. Was das Malen anbetrifft, so sind die meisten Kleinkinder mit zwanzig Monaten aus dem Stadium des Punktemalens heraus und können senkrechte Striche nach unten ziehen; einige können sogar schon Kreise malen.

In diesem Alter beginnen die Kinder zu hüpfen; die Vorstufe dazu sind oft ruckartige Auf- und Abbewegungen. Dazu sind Gleichgewicht und zeitliche Abstimmung nötig. Hüpfen fördert die Entwicklung der räumlichen Wahrnehmung, der Muskulatur und der Koordination der beiden Körperseiten.

Lassen Sie Ihr Kind auf dem Bauch robben oder (auf Händen und Knien) krabbeln, sich aufsetzen, wenn seine Muskeln stark genug sind, und sich in eine stehende Position hochziehen.

Lassen Sie Ihr Kind dann mit dem Laufen beginnen, wenn die Zeit dafür reif ist.

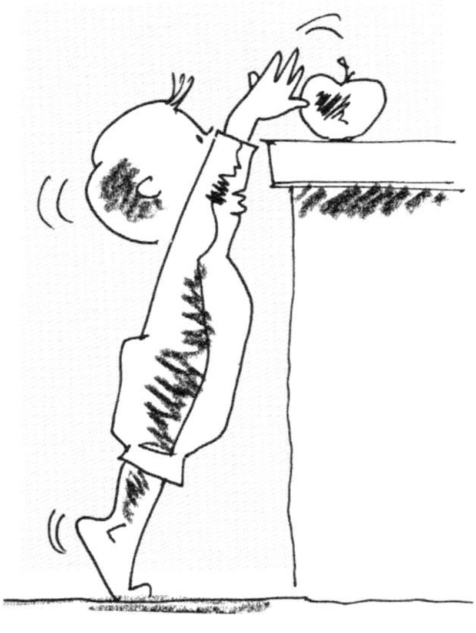

Lassen Sie es selbst herausfinden, wie es an bestimmte Dinge herankommt und wie es um Möbelstücke herumkommt – wie sonst soll Ihr Kind dies alles lernen?

Bauen Sie aus Kissen und Stühlen „Hindernis"-Parcours auf, die eine Herausforderung darstellen; bauen Sie Tunnels, indem Sie Tücher über Tische und Stangen hängen.

Sorgen Sie für viel Anregung des Gleichgewichtssystems durch Aktivitäten wie Schaukeln, Wiegen, Hopsen, Rollen und Herumwirbeln.

Viel Hin- und Herrollen und viel Holterdipolter bedeuten viel Stimulation für das Gleichgewichtssystem.

Erlauben Sie Ihrem Kind, sich in einem ***ganzen*** *Zimmer (oder sogar in der ganzen Wohnung?) frei zu bewegen – entfernen Sie, wenn nötig, wertvolle Gegenstände oder Gefahrenherde.*

Kann Ihr Kind noch nicht frei laufen, so vermeiden Sie Laufgitter. Sie verhindern das Krabbeln, weil das Kind statt dessen an den Gittern entlang-„läuft".

Besuchen Sie Spielplätze mit Schaukeln, Karussells, Rutschen oder Grasrampen zum Rollen, Laufen oder Rennen.

Wir sind nun in der „bilateralen" oder zweiseitigen Phase, in der beide Seiten des Körpers bei Aktivitäten wie den folgenden zusammenarbeiten.

Zur Vorbereitung auf die spätere Phase der Lateralität ist es äußerst wichtig, dass das Kind sein Gleichgewicht ausgiebig übt. (Lateralität = Vorherrschen einer Körperseite, z. B. Rechtshändigkeit)

Im Alter von 20 Monaten sollten Sie Ihr Kind bei seinen körperlichen Übungen nicht mehr ständig unterstützen – geben Sie seinem sich entwickelnden „Körperbewusstsein" eine Chance.

Lassen Sie es probieren und seine Körperteile ganz selbstständig bewegen.

Machen Sie die Körperübungen mit Musik, so lernt Ihr Kind, sich im Takt zu bewegen.

Wählen Sie Musik mit unterschiedlichen Tempi (Geschwindigkeiten), so helfen Sie Ihrem Kind, die Unterschiede zwischen schnell und langsam zu „fühlen" (Zeitempfinden).

Halten Sie Ihre Sprache einfach. Sprechen Sie nicht in „Babysprache".

Lesen Sie einfache Geschichten vor; so regen Sie die Entwicklung des Sprachvermögens und der Fähigkeit zum Erkennen von Reihenfolgen an.

Einfache Unterhaltungen sind möglich. Regen Sie Rollenspiele an und das „So-Tun-als-ob".

Singen und spielen Sie Kinderreime – lachen Sie gemeinsam mit Ihrem Kind darüber!

Seien Sie konsequent in Bezug auf Disziplin und Verhaltensregeln.

Rutschautos sind ein Muss, denn sie koordinieren beide Körperseiten, damit Ihr Kind sich durch den Raum bewegen kann.

Verschaffen Sie Ihrem Kind immer wieder neue und interessante Erfahrungen – geben Sie ihm hin und wieder ein neues Spielzeug, besuchen Sie Spielaktionen, Museen, Zoos, Strände usw.
Je mehr Ihr Kind gesehen und ausprobiert hat, umso mehr wird es sehen und erforschen wollen. Neue Erfahrungen und neues Spielzeug bieten Ihnen hervorragende Gelegenheiten, sich mit Ihrem Kind darüber zu unterhalten.

Entwicklungsabschnitt C: 20 bis 30 Monate

Kindliches Spielen ist eine reiche Quelle von Anregungen wie auch von Gelegenheiten zum Einüben von Reaktionen.

In diesem Stadium fügen sich sämtliche bisherigen Entwicklungsschritte für den nächsten „großen Sprung" zusammen – die Sinnesinformationen des Kindes beginnen sich zu verbinden (etwa Fühlen und Sehen). Diese verstärkte Wahrnehmungsfähigkeit führt dazu, dass das Kind Begriffe bildet.

In diesem Entwicklungsabschnitt werden Gleichgewicht und Koordination auf beiden Körperseiten eingeübt.

All diese Aktivitäten stärken die Muskulatur des Kleinkindes und fördern die Ausbildung von Gleichgewicht und Körperhaltung – die wichtigsten Voraussetzungen für das Zusammenfügen von Sinneswahrnehmungen und für die spätere Ausbildung der Lateralität (also der Bevorzugung einer Körperseite).

Vermehrtes Erkunden und Spielen auf Spielgeräten verbessern die räumliche Wahrnehmung und die Körperwahrnehmung des Kleinkindes und sorgen für noch mehr Anregung des Gleichgewichtssinns.

In diesem Entwicklungsabschnitt hängen und schaukeln Kinder gerne mit den Händen an Stangen und bewegen sich auf ihren Rutschautos; damit stärken sie die Muskulatur von Schultern, Armen, Händen und Fingern – die Grundlage für spätere Handgeschicklichkeit.

In diesem Alter lernen Kinder auch, dass sie *zwei* (verschiedene) Körperseiten haben – sie nutzen nicht länger beide Seiten gleichermaßen. Sie haben das Stadium der Bevorzugung *einer* Seite (für bestimmte Tätigkeiten) erreicht. (Lateralität)

Alle Kinder durchlaufen Phasen, in denen sie Strategien ausprobieren, mit denen sie Eltern und andere Bezugspersonen auszutricksen versuchen; *Ihre* Reaktion entscheidet über Erfolg oder Misserfolg.

Gehen Sie weiterhin liebevoll mit Ihrem Kind um und widerstehen Sie der Versuchung nachzugeben, in die Knie zu gehen. Beide Elternteile müssen sich in ihrer Vorgehensweise einig sein. Nichts ist schlimmer, als wenn ein Kleinkind lernt, dass es einen Elternteil gegen den anderen „ausspielen" kann – das ist die Garantie für den „Absturz" Ihres Erziehungsprogramms.

Das Kleinkind ist nun in einer Phase der „Anmaßung", der Selbstüberschätzung: Es beginnt „nein" zu sagen!

Diese Phase kann für das Kind sehr schwierig sein, da es ständig schwankt zwischen dem Sichverlassen auf die Eltern oder Bezugspersonen und dem „Ich kann das allein!".

Spielplätze sind in diesem Alter ein Muss! Sie geben dem Kind damit Gelegenheit, Gleichgewicht und Koordination auf beiden Körperseiten zu schulen und zu entwickeln.

Lassen Sie Ihr Kleinkind mit nackten Füßen spielen, dies schafft optimale Voraussetzungen für das sich entwickelnde Gleichgewicht. Achten Sie jedoch immer darauf, dass das Kind sich nicht verletzen kann!

Massage ist für das Anregen der Sinne weiterhin wichtig.

Ihr Kind ist jetzt zwar körperlich viel aktiver, dennoch ist Massieren auch in diesem Entwicklungsabschnitt durchaus sinnvoll und notwendig. In diesem äußerst aktiven Alter helfen Sie Ihrem Kind außer mit Massage auch mit Aktivitäten wie Fingermalen oder Modellieren mit Ton.

Machen Sie das tägliche Bad zur „Massagezeit", massieren Sie Ihr Kind mit den unterschiedlichsten Hilfsmitteln (Schwämme, Plastikflaschen, Bürsten usw.) und trocknen Sie es mit unterschiedlich harten Handtüchern ab.

Planen Sie auch Zeiten der Entspannung ein, in denen Ihr Kind auf dem Bauch neben oder auf Ihnen liegt.

Manche Kinder haben in diesem Alter immer noch Schwierigkeiten, eine Hand unabhängig von der anderen zu benutzen.

Hält Ihnen Ihr Kind einen verletzten Finger hin, damit Sie ihn mit einem Pflaster verarzten, so hält es häufig auch noch den entsprechenden (unverletzten) Finger der anderen Hand hin.

Bauen Sie auch jetzt noch Hindernisse auf, die Hüpfen und Springen fördern und Ihr Kind anregen, unter Möbelstücken durchzukriechen oder darüberzuklettern und dabei unterschiedliche Körperteile einzusetzen; benutzen Sie dafür Tücher, Seile und Stühle. Denken Sie sich Aktivitäten aus, die Gleichgewicht sowie räumliche Wahrnehmung und Körperwahrnehmung erfordern.

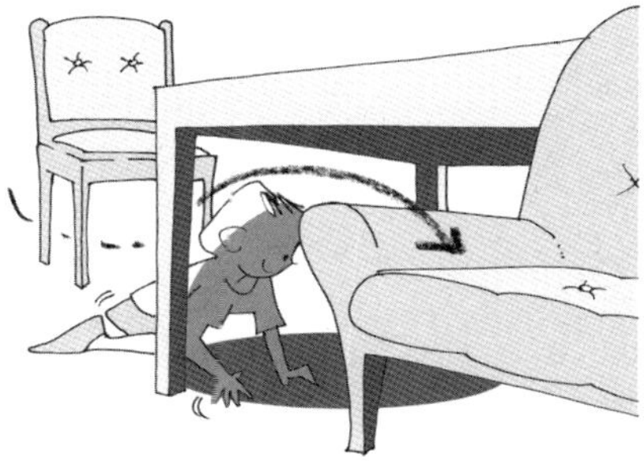

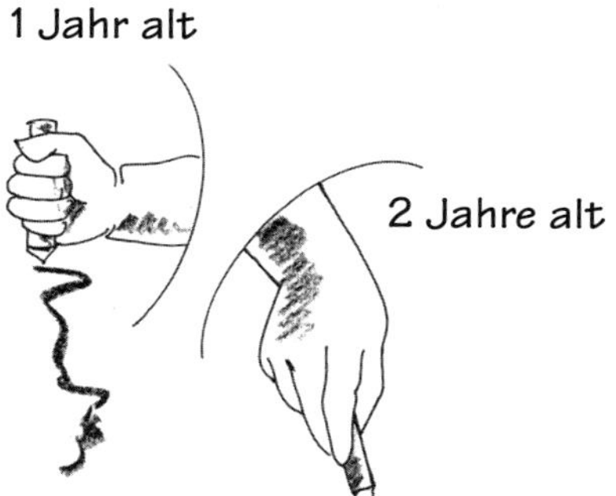

Kinder beginnen diese Altersstufe häufig „zweiseitig“: Sie benutzen beide Hände, um zu zeichnen und zu malen – die rechte Hand auf der rechten Seite und die linke Hand auf der linken Seite. Einige beginnen in diesem Alter bereits, mit einer Hand die Körpermittellinie zu überqueren, sie halten nicht mehr an der Körpermittellinie inne, um den Stift von der einen in die andere Hand zu wechseln! Auch die Handhaltung beim Malen verändert sich in diesem Alter; der Stift wird nicht mehr länger mit der Faust festgehalten, der Griff ähnelt schon der späteren Schreibhaltung.

Achten Sie darauf, dass Ihr Kind in diesem Alter richtig hüpft: Beide Füße müssen *zusammen* vom Boden abheben, die Knie sollen gebeugt sein, beide Arme schwingen von hinten nach vorn. Treppen üben nach wie vor große Anziehung aus, denn an ihnen kann das Kind das Hinauf- und Hinabsteigen üben (es kommt immer wieder mit beiden Füßen auf einer Treppenstufe zu stehen) und sich dabei am Treppengeländer festhalten.

Die Kinder werfen kleine Bälle mit jeder Hand oder treten zuerst mit dem einen, dann mit dem anderen Fuß an Gegenstände; dies stellt sicher, dass beide Körperseiten gleich geschickt sind, bevor dann später einer Seite der Vorzug gegeben wird.

Es existiert eine Vielzahl von Büchern über Bewegung für Kinder, in denen sich noch viele Ideen und Vorschläge finden, wie man Kinder auf das aufregende Stadium der Lateralität vorbereiten kann.

Hören ist etwas Musikalisches, daher betreffen die Reaktionen, die es hervorruft, mehrere Sinne und es fördert die Lese- und Schreibfähigkeit.

Probieren Sie mit Ihrem Kind rhythmische Zahlenspiele aus, spielen Sie einfache Kartenspiele oder Spiele, in denen es darum geht, Paare zu bilden; lassen Sie Ihr Kind alle möglichen Spiele machen, bei denen Dinge sortiert oder Passendes zugeordnet werden muss; auch leichte Konzentrationsspiele, Puzzles, Rhythmusspiele oder das Nachahmen von Taktschlägen (mit Trommeln oder Klatschen) eignen sich, um das Hörgedächtnis des Kindes zu schulen.

Zwei Anweisungen hintereinander auszuführen stellt in diesem Alter eine Herausforderung dar.

Denken Sie daran, dass Musik, Singen, Zuhören, Tanzen und Spiele zur Entwicklung von Bewegung, Sprache und Rhythmus beitragen – wichtige Voraussetzungen für erfolgreiches Lernen.

Ihr Kind entdeckt in diesem Alter den Zusammenhang zwischen Ursache und Wirkung.

Bleiben Sie, so gut es geht, bei Ihren Regeln und festen Abläufen – dies hilft Ihrem Kind, sich sicher zu fühlen; diese Grenzen schaffen ihm eine „Sicherheitszone".

Wenn Ihr Kind etwa zweieinhalb Jahre alt ist, sollten Sie Gleichgewicht und Koordination genau beobachten und sich folgende Fragen stellen:

Ist sein Verhalten „normal" für sein Alter?

Dreht und rollt sich das Kind gerne und wirbelt es gerne um die eigene Achse?

Hat das Kind Verhaltensprobleme?

Fällt es ihm leicht zu hüpfen und einige Sekunden lang auf einem Bein zu stehen?

Kann es abwechselnd den einen und dann den anderen Arm über dem Kopf ausstrecken?

Kann das Kind sein Gewicht mit seinen Händen halten und schaukeln?

Übergehen Sie diese Fragen nicht. Es wäre leichtfertig, nichts zu tun.

Eine kleine Hilfestellung in diesem Alter kann dafür sorgen, dass viele Probleme später gar nicht erst entstehen können.

Entwicklungsabschnitt D: 2,5 bis 3,5 Jahre

Diese Entwicklungsphase, in der aus dem Kleinkind ein Kindergartenkind wird, ist häufig dramatisch und in manchen Fällen schwierig; zu Beginn dieses Abschnitts tragen die Kinder häufig noch Windeln, am Ende gehen sie in langen Hosen.

Zu Beginn hat das Kind noch keine Ahnung von den Fähigkeiten der zwei Seiten seines Körpers und sein Handgeschick ist noch nicht sehr weit entwickelt; am Ende dieser Phase wird für bestimmte Aufgaben wie Malen schon eine Hand bevorzugt. Das Kind kann sich etwas vorstellen und liebt es, anderen etwas vorzuspielen.

Während dieses aufregenden Entwicklungsabschnitts findet im Gehirn einer der wichtigsten „Entwicklungsschübe" statt, der mit dafür verantwortlich ist, dass die Sinnesinformationen zusammengeführt werden; zwischen beiden Gehirnhälften findet Kooperation statt.

Funktioniert diese Kooperation (das Zusammenführen, Vereinigen aller Sinneswahrnehmungen) nicht gut, so ist das Gehirn nicht in der Lage, die ankommenden Nachrichten zu koordinieren; die Folge ist, dass die „Seitigkeit" (zum Beispiel Rechts- oder Linkshändigkeit) sich nicht entwickeln kann und Lernen und Sprechen darunter leiden.

Viele neue Fertigkeiten werden nun möglich. Dank der verbesserten Vorstellungskraft blühen viele Fähigkeiten geradezu auf: das Malen von Gegenständen (die man zunächst noch nicht unbedingt wiedererkennen kann!), das Auffädeln von Perlen, Puzzles legen, Töpfern und vieles mehr.

Beginnt das Kind eine Schere zu benutzen, so ist dies ein Hinweis darauf, dass eine Körperseite unabhängig von der anderen arbeiten kann, denn eine Hand führt die Schere, die andere hält das Papier fest. Kann das Kind Dreirad fahren – ein Bein drückt, während das andere sich entspannt –, so ist dies ein weiterer Hinweis auf einen Entwicklungssprung.

Mit ihren ständig wachsenden Fähigkeiten können Kinder dieses Alters äußerst selbstständig werden; manche wollen sich nicht mehr helfen lassen – vor allem nicht von ihren Eltern!!!

Das Kind ist sich jetzt seiner beiden Körperseiten bewusst und sein Gleichgewicht ist gut ausgeprägt, es kann deshalb beim Malen mit seinen Armen und seinen Augen die Körpermittellinie überqueren. Es kann auf einem Fuß stehen und hüpfen; einige können sogar schon Dreirad fahren. In dieser Phase entwickeln sich auch das Gehen, Marschieren und Werfen im Überkreuzmuster (linkes Bein und rechter Arm gehen nach vorne, dann gehen rechtes Bein und linker Arm nach vorne).

Gleichzeitig erlaubt die zunehmende Erkenntnis- und Verständnisfähigkeit einfache Planungen. Diese „kognitiven" Fähigkeiten des Erkennens und Verstehens beinhalten das Herstellen von Beziehungen zwischen verschiedenen Wahrnehmungen. So wurden zum Beispiel eine Birne und eine Orange bisher als verschiedene *Früchte* wahrgenommen – jetzt werden sie zusammengefasst unter dem Begriff der *Nahrungsmittel!*

Die Ausgereiftheit der Motorik (= Gesamtheit aller Bewegungsfertigkeiten) ist daran zu erkennen, wie das Kind Gegenstände als Werkzeuge benutzt. Den wichtigsten Hinweis geben Malstift oder Pinsel.

In diesem Lebensabschnitt (in manchen Fällen etwas früher) beginnt das Kind, für bestimmte Aufgaben eine bestimmte Hand zu bevorzugen. Mit der Fähigkeit zu Vorstellungen und mit der verbesserten Körperwahrnehmung der Schultern, Arme, Hände und Finger beginnt das sogenannte gegenständliche (wiedererkennbare) Malen. Die Handhaltung und Stift- oder Pinselführung verändert sich. Dies ist der Schritt vom Kritzeln hin zu groben Zeichnungen mit Gegenständen aus der Erlebniswelt des Kindes.

Daran, wie das Kind malt, wird häufig sein Entwicklungsstand abgelesen. Kinder haben in diesem Alter Spaß an Fingermalen, Kleben und Malen mit dem Pinsel; sie lernen die Grundfarben kennen und stärken Finger und Hände in Vorbereitung auf das spätere Schreiben.

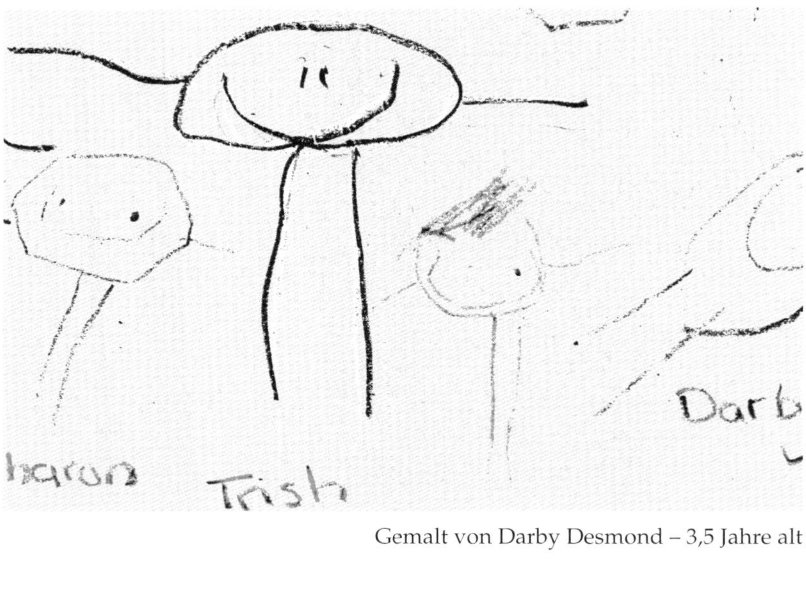

Gemalt von Darby Desmond – 3,5 Jahre alt

Innerhalb der ersten drei Lebensjahre entwickeln sich Wahrnehmungs- und Erkenntnisfähigkeit sehr stark; allerdings gibt es auch Kinder, die in dieser Zeit noch damit zu kämpfen haben, ihr Gleichgewicht zu finden und damit eine ausgeprägte „Seitigkeit" zu entwickeln.

Diese Schwierigkeit beeinträchtigt wiederum die Entwicklung des Richtungssinns.

Ein stärker ausgeprägtes Bewusstsein für die einzelnen Finger sowie die Verbesserung der Fähigkeit, den Stift zu halten, ermöglichen besseres Zeichnen, „Schreiben" und andere Handfertigkeiten.

Hat ein Kind noch nicht seine bevorzugte Hand gefunden, wenn es in den Kindergarten kommt, und imitiert es zu diesem Zeitpunkt noch viel, so ahmt es häufig einen Rechtshänder nach, der ihm gegenüber sitzt, und benutzt daher seine *linke* Hand!

Dadurch werden häufig sehr hartnäckige Umkehrungen der Schreibhand verursacht, die später zu Lernproblemen führen können.

Viele Kinder lernen in diesem Alter einfache Kinderreime und sind mit der fortschreitenden Entwicklung ihrer sprachlichen Fertigkeiten in der Lage, die Reime zu verändern. Sie führen die Handlungen und Bewegungen aus, die sie in ihren Kinderliedern besingen, und lernen dabei sich zu bewegen und gleichzeitig zu denken.

Aktivitäten in der Umgebung

Die in diesem Entwicklungsabschnitt stattfindende „Integration" der Sinne (und die sich daraus ergebende Lateralität) lässt sich leicht fördern: Geben Sie Ihrem Kind zum Beispiel die Gelegenheit, ein Dreirad auszuprobieren. Ist das Kind schon in der Lage, Dreirad zu fahren, so sollten Sie eines anschaffen. Beim Dreiradfahren muss ein Bein nach unten gedrückt werden, während das andere gleichzeitig nach oben kommt! Der hier beschriebene Entwicklungsabschnitt wird häufig dadurch eingeleitet, dass die Fähigkeit zum Dreiradfahren plötzlich vorhanden ist.

Ein deutlicher Hinweis darauf, dass die Lateralität sich entwickelt, ist das Auftreten des „Überkreuzmusters" (linker Fuß und rechte Hand gehen nach vorne, anschließend gehen rechter Fuß und linke Hand nach vorne), das schon dem Bewegungsablauf beim Laufen, Gehen und Werfen des Erwachsenen entspricht.

In diesem Alter bildet sich auch eine bevorzugte Hand für bestimmte Aufgaben heraus.

Jetzt sind Fingerspiele angesagt, denn sie unterstützen die Entwicklung der Motorik.

Ballspiele helfen dem Kind zu lernen, einem Gegenstand mit den Augen zu folgen; zuerst entwickelt sich das Fangen, dem häufig das Greifen nach sich langsam bewegenden Gegenständen wie etwa einem Luftballon vorausgeht. Noch werden dafür beide Arme in einer Art „Umarmung“ benutzt, dies verändert sich jedoch bald und das Kind benutzt nur noch seine beiden Hände.

Das Werfen mit beiden Händen wird zugunsten des einhändigen Werfens (in der Regel mit einer bevorzugten Hand) aufgegeben und kurz darauf wird dabei der gegenüberliegende Fuß nach vorn gestellt, um das Gleichgewicht zu verbessern (eine Überkreuzbewegung). Einen Ball zu kicken fällt dem Kind jetzt leichter, denn es kann sein Gleichgewicht auf einem Bein halten.

Spielen Sie mit dem Kind Spiele, in denen es einen fehlenden Gegenstand finden muss, etwa: „Ich seh etwas, was du nicht siehst …“ Lassen Sie es in Abbildungen nach bestimmten Gegenständen suchen oder lassen Sie das Kind Dinge zuordnen.

Spielen Sie rhythmische Abzählspiele, einfache Kartenspiele, Memory mit nur sechs Paaren, verschiedene Spiele, bei denen Dinge sortiert und einander zugeordnet werden müssen, einfache Puzzles und einfache Rhythmusspiele.

Das Hörgedächtnis Ihres Kindes verbessert sich; unterstützen Sie diese Entwicklung, indem Sie die Anzahl der Aufgaben, die sich das Kind merken und ausführen soll, erhöhen – zum Beispiel: „Mein Schatz, bringst du mir bitte meine Autoschlüssel und deine Mütze, ... und vergiss die Sonnencreme nicht!"

Das Erkennen von Farben beginnt damit, dass gleiche Farben einander zugeordnet werden können; beginnen Sie mit den Grundfarben. Stellen Sie eine große Tafel auf. Benutzen Sie große Papierbögen auf einer Staffelei zum Malen.

Mit Fingerfarben malen oder mit Ton arbeiten (auf dem Tisch) unterstützt die Entwicklung des bewussten Wahrnehmens der einzelnen Finger, es stärkt Arme, Hände und Finger sowie das Erkennen von Farben.

Ton ist fester und dient der Entwicklung besser als Spielknete.

Spielen Sie alle Arten von Musik, singen Sie mit Ihrem Kind oder hören Sie der Musik einfach nur zu, tanzen Sie und spielen Sie Spiele zur Musik mit dem Kind – all dies trägt zur Entwicklung von Bewegung, Sprache und Rhythmus bei.

Spielplätze sind in diesem Alter ein Muss.

Es ist wichtig, dass Kinder in diesem Alter das ganze Bewegungsspektrum ausprobieren können: klettern, rollen, purzeln, rutschen und sich drehen, auf einer Schaukel schaukeln oder mit den Händen an einem Trapez schwingen, sich auf den Kopf stellen sowie rennen und springen. Die Bewegungen unterstützen die Entwicklung neuer Fertigkeiten und verstärken die bereits erworbenen.

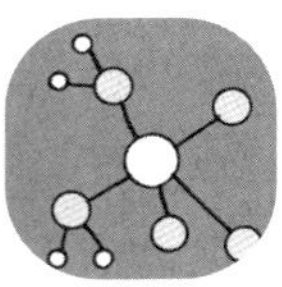

In diesem Alter kann man von Kindern hauptsächlich Aktivitäten in den Bereichen Gleichgewicht, Koordination, Integration der Sinne und Seitigkeit erwarten.

Minimale Abweichungen in der Fähigkeit Ihres Kindes, mit Gleichaltrigen mitzuhalten, oder Verhaltensabweichungen sind Hilferufe.

Zeigt das Kind beim Sprechen eine andere Schwierigkeit als Stottern, so überprüfen Sie zunächst, ob dies die ***einzige*** *Abweichung ist – falls ja, sollten Sie therapeutischen Rat in Anspruch nehmen. Anderenfalls könnte es sein, dass Ihr Kind ein spezielles Programm zur Förderung der Integration der Sinne und der Lateralität benötigt. In Kapitel 4 werden solche Programme vorgestellt.*

Machen Sie einen Kurzcheck und beobachten Sie einfach nur, ob das Kind eine bevorzugte Hand entwickelt hat, ob es ein Dreirad fahren kann und ob es auf einem Fuß (jeweils auf dem linken und dem rechten) hüpfen kann; ist das Kind schon dreieinhalb Jahre alt, so achten Sie darauf, ob es im Überkreuzmuster laufen kann.

Im Alter von etwa drei Jahren ist es nicht ungewöhnlich, wenn ein Kind für kurze Zeit stottert.

Das Kind kommt jetzt mit sich selbst und der Welt besser zurecht, dies stärkt Selbstbewusstsein und Unabhängigkeit.

Das Gleichgewicht des Kindes verbessert sich durch ständiges Üben immer mehr und es ist in der Lage, Treppen hinauf- und hinabzugehen, ohne sich festzuhalten. Es ist immer wieder erstaunlich zu beobachten, wie Kinder sich genau die Aktivitäten suchen, die ihre Entwicklung unterstützen.

Wiederholen von Erfahrungen ist hier das Zauberwort! Kürzlich beobachtete ich ein Kind dabei, wie es immer wieder die Treppen zu einem Denkmal hinauf- und wieder hinabstieg (immer einen Fuß auf eine Treppenstufe stellend, dann den anderen Fuß nachholend), anstatt auf dem Spielplatz zu spielen.

In diesem Alter hören Kinder auf, sich als Anhängsel ihrer Eltern und Bezugspersonen zu sehen; in einer vertrauten Umgebung fühlen sie sich wohler ohne Erwachsene, die sie ständig umkreisen!

Mit zunehmender Unabhängigkeit treten häufig auch Verhaltensprobleme auf.

Machen Sie sich bewusst, dass dafür auch andere Faktoren verantwortlich sein können; dazu gehören: Unverträglichkeit bestimmter Nahrungsmittel oder Inhaltsstoffe, Fehlfunktionen bei der Aufnahme von Sinnesinformationen (wie zum Beispiel: fühlen, was man hört) oder eine bestimmte Familiensituation. Schauen Sie sich auf jeden Fall immer zuerst Ihr Kind genauer an, bevor Sie sich selbst oder anderen Menschen in Ihrer Umgebung Schuld zuweisen.

Entwicklungsabschnitt E: 3,5 bis 5 Jahre

Die Frage, ob ein Kind schulreif ist oder nicht, lässt sich nicht mit seinem Alter beantworten, sondern hängt vom Entwicklungsstand seines Nervensystems und vor allem seines Gehirns ab.

In der Vergangenheit wussten diejenigen, die an der Vorschulerziehung von Kindern beteiligt waren, immer sehr genau, welches Kind in der Schule erfolgreich sein würde und welches nicht. Die einzigen, die diese Informationen nicht hatten, waren die Eltern oder andere Erziehungsberechtigte – das muss sich ändern.

Wir sind nun bei der Phase, in der sich das Verstehen weiterentwickelt und in der das Kind seine Fertigkeiten, die es befähigen zur Schule zu gehen, immer weiter vervollständigt. Dies ist auch eine Phase der Unabhängigkeit, des Erfolgs und der Geselligkeit.

Die meisten neueren Forschungen bestätigen die Bedeutung der Kindergartenjahre für sämtliche Aspekte der kindlichen Entwicklung, einschließlich des intellektuellen, verstandesmäßigen Wachstums.

Die Jahre vor dem sechsten Geburtstag sind nicht einfach nur eine Reifephase, sondern eine Zeit, die tief greifenden Einfluss auf das gesamte Leben hat.

Die heute praktizierte Vorgehensweise, immer mehr Geld in eine zwölf bis dreizehn Jahre dauernde Schulzeit zu investieren und diese im Alter von sechs Jahren beginnen zu lassen, widerspricht allem, was wir über die kindliche Entwicklung wissen.

Es ist wichtig, sich Klarheit darüber zu verschaffen, dass das Verhalten mancher Kinder selbst in einem idealen Umfeld mit hervorragenden Eltern und Erziehungspersonen einfach schlimm ist. Dies kann eine extreme Stresssituation für die Eltern sein.

Die meisten Eltern fühlen sich in einer solchen Situation hilflos und schuldig. „Was habe ich falsch gemacht?“, fragen sie sich. Durchwachte Nächte und Tage voller Stress sind Ursachen für Anspannung der Eltern, noch mehr Ärger und häufig Zerstörung der Familien.

Dies ist auch die Zeit, sich über jede Form fortdauernder Verhaltensprobleme Rechenschaft zu geben. Kinder haben Rechte, aber auch Eltern und andere Bezugspersonen.

Zwanghaft aggressive Kinder sorgen in der Schule ebenso wie zu Hause für ernsthafte Störungen.

Verhaltensprobleme sollten unter Berücksichtigung der gesamten Entwicklung des betreffenden Kindes sowie seiner Ernährung und seines Gesundheitszustandes betrachtet werden.

In der Regel trifft weder Eltern noch andere Bezugspersonen noch das Kind selbst eine „Schuld“.

Die Kinder sind drei Jahre lang die Lernleiter emporgeklettert. Dies ist eine der Phasen, in denen Bewegungen verfeinert werden und sich Gleichgewicht, räumliche und Körperwahrnehmung, Sehen, Hören, Feinmotorik, Rhythmus, Zeitgefühl, Vorstellungskraft und spezifische Wahrnehmungsfähigkeiten ausbilden; dies ist dann sozusagen die „Grundausstattung" für eine erfolgreiche weitere Entwicklung.

In diesen Jahren entwickeln die Kinder ein ausgereiftes Überkreuzmuster und eine bevorzugte Hand für spezifische Aufgaben. Darüber hinaus werden sämtliche motorischen Fertigkeiten, die feinmotorischen ebenso wie die grobmotorischen, weiter ausgebildet und verfeinert. Im dritten Lebensjahr beginnt das Kind von einem Fuß auf den anderen zu hüpfen, bevor es in den Kindergarten kommt. Viele können sich schon über Kopf an Stangen entlanghangeln – immer nur mit *einer* Hand an *einer* Stange!

Durch ständiges Üben entwickelt sich das Sehvermögen, sie können Entfernungen einschätzen, die Augen koordinieren und ihre Augenausrichtung mit Leichtigkeit von Distanz auf Nähe umstellen.

Aufgrund von Verbesserungen bei Gedächtnisleistungen, beim Erkennen von Farben und bei der Hand-Augen-Koordination ist es dem Kind möglich, immer detailliertere Bilder zu malen; gleichzeitig verbessern sich die Fertigkeiten des Ballspiels wie etwa die Fertigkeit, einen Ball *aufzufangen*.

Der Griff, mit dem ein Stift gehalten wird, reift aus; die deutlich ausgefeilteren Zeichnungen von Vierjährigen sind Hinweise auf ihre Körperwahrnehmung und ihre Fähigkeit, sich etwas vorzustellen.

Die Entwicklung des Kindes macht einen merklichen Sprung, Sprache und Kommunikation stehen jetzt in deutlichem Kontrast zu den Fertigkeiten von Zweieinhalbjährigen, die noch auf das „Haben-Wollen" oder „Selbst-tun-Wollen" beschränkt sind.

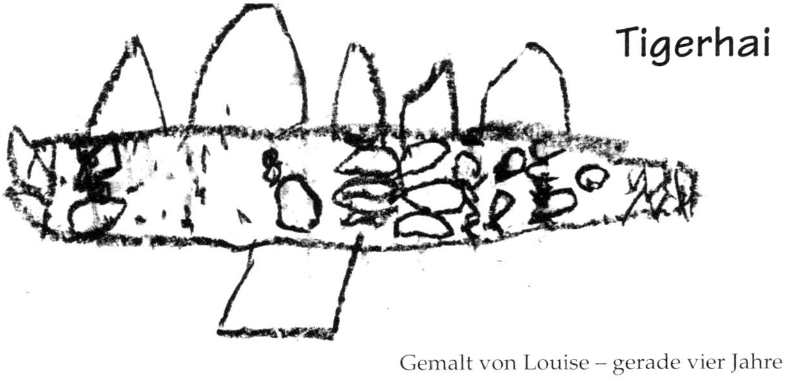

Gemalt von Louise – gerade vier Jahre alt

Mit zunehmendem Alter festigen die Kinder ihre neuen Fähigkeiten.

Sie lassen einerseits ein neues Selbstgefühl erkennen, bei anderen Gelegenheiten aber sind sie (sehr zum Verdruss ihrer Eltern) eher unsicher, sie stottern und stolpern körperlich oder fallen in bestimmten Situationen in Verhaltensmuster der Babyphase zurück. Sie versuchen ihr neu gefundenes Selbst zu festigen und können dabei sehr schwierig sein, denn sie sind zwar einerseits unsicher, andererseits jedoch wild entschlossen den Ton anzugeben.

In dieser Phase erwerben viele Kinder schon Computerkenntnisse und bringen sich sogar selbst das Lesen bei. Wenn Sie Ihrem Kind Zugang zu einem Computer verschaffen, lassen Sie zuvor seine Augen prüfen und folgen Sie den Empfehlungen, die Ihnen zum Schutz der Augen gegeben werden.

Regen Sie Ihr Kind an zu singen, anstatt Babysprache zu sprechen. Ihr Kind wird Sie auf jeden Fall nachahmen. Es wird Ihnen nachsingen, wenn Sie bei der Arbeit singen. Hören Sie insbesondere viel Barockmusik mit Tönen in hohen Frequenzbereichen. Musik und rhythmische Aktivitäten sind ein Muss bei der Ausbildung des Zuhörens und von motorischen Fähigkeiten.

Verbessern Sie ihre Verständigung mit dem Kind und die Sprache Ihres Kindes selbst durch Visualisieren, also sozusagen durch pantomimisches Darstellen dessen, was Sie sagen, und durch Zeiten, in denen Sie zusammen Spaß mit Reimen haben.

Spielen Sie einfache Spiele wie zum Beispiel „Himmel und Hölle“ oder „Hüpfkästchen“ und benutzen Sie dafür spezielle Straßenmalkreide, die wieder weggewaschen werden kann. Beginnen Sie mit einem Schritt und einem Sprung und gehen Sie dann, wenn möglich, zum Hüpfen über.

Probieren Sie Folgendes aus:
Bauen Sie einen Hindernisparcours aus Möbeln. Sie helfen damit Ihrem Kind, seine räumliche Wahrnehmung und Körperwahrnehmung zu entwickeln.

Spielen Sie Bewegungen von Tieren nach, zum Beispiel „Häschen hüpf" – zuerst die Hände, dann die Füße.
Tun Sie so, als wären Sie und Ihr Kind Ziegenböckchen, die sich mit den Hörnern einen Ball zurollen.

Hüpfen Sie in vielen Variationen: vorwärts, rückwärts, in einen Kreis, über einen Kreis und um einen Kreis herum.
Schachteln und Seile eignen sich gut dazu, das Darüberhüpfen zu üben.
Spielen Sie Musik und bewegen Sie sich zusammen im Takt.

Werfen Sie aus unterschiedlichen Entfernungen Gegenstände in Wäschekörbe oder Papierkörbe. Halten Sie den Korb in einer Höhe, die der Größe Ihres Kindes angepasst ist, damit es den Korb auch treffen kann – zumindest meistens.

Üben Sie zu hüpfen wie ein Känguru – klemmen Sie dabei etwas zwischen den Knien ein.

Animieren Sie Ihr Kind dazu, Abhänge oder schräge Flächen hinauf und hinab zu laufen und zu rollen. Unterstützen Sie jede Aktivität, bei der das Kind sich dreht, rollt oder kugelt.

Tanzen Sie zu Musik mit lebhaftem Takt.

Fördern Sie Aktivitäten, bei denen die Hände und Füße vor der Körpermitte überkreuzt werden; dieses „Überkreuzmuster" von Armen und Beinen ist immer dann aktiviert, wenn Ihr Kind (spazieren) geht, „marschiert", rennt, einen Ball fängt oder wirft, wenn es malt, zeichnet oder sich mit den Händen an eine Stange hängt.

Rhythmus ist wichtig für die Entwicklung der Koordination; tanzen Sie deshalb oft mit Ihrem Kind, imitieren Sie aus Spaß Musikbands oder machen Sie andere Rhythmusspiele. Stellen Sie aus den Töpfen und Pfannen Ihrer Küche Ihr eigenes „Orchester" zusammen.

Besuchen Sie Parks und Spielplätze und andere Spielmöglichkeiten, wo die Kinder mit den Händen an einer Stange hängen und schwingen sowie klettern und rutschen können. Damit unterstützen Sie Ihr Kind bei der Entwicklung seiner grobmotorischen Fertigkeiten. Machen Sie viele Spaziergänge. Fahren Sie nicht mit dem Auto, wenn es möglich ist zu laufen!

Geben Sie dem Kind reichlich Gelegenheit zu malen, zu zeichnen, Puzzles zu legen, mit Ton zu modellieren, Geschichten zu hören und phantasievolle Rollenspiele zu spielen. Beziehen Sie Ihr Kind ein in Ihre Arbeiten im Haus und um das Haus herum.

Wählen Sie Fernsehsendungen aus, die zu sinnvoller körperlicher Betätigung anregen.

Ermöglichen Sie Ihrem Kind, sich mit den aktuellen elektronischen Lernmedien zu beschäftigen. Im neuen Jahrtausend gehört dazu ein Computer mit Lernspielen, Internetzugang, E-Mail und CD-Roms.

Alle Eltern sollten wissen, auf was sie achten müssen, und ebenso, was sie tun können, wenn die Entwicklung des Kindes Anlass zur Sorge gibt. Nur dann können wir sicherstellen, dass jedes Kind die Chance bekommt, seine Fähigkeiten voll zu entfalten.

Vergessen Sie dabei jedoch nicht, dass Ihr Kind zum Ausgleich für 20 Minuten am Computer jedes Mal 40 Minuten an körperlicher Aktivität benötigt – so bleibt zu hoffen, dass Computer in der Zukunft keinen Stress mehr erzeugen werden.

Entwicklungsabschnitt F: 5 bis 6 Jahre

(Kurzer Ausblick)

Es ist von Vorteil, wenn Kinder zur Einschulung über gute Wahrnehmungsfähigkeiten verfügen, die sie aus der erfolgreichen Entwicklung von Hören, Sehen und Fühlen (und zwar nicht nur über die Haut, sondern auch durch die Nervenenden in Muskeln und Bändern) gewonnen haben.

Die folgenden Aktivitäten unterstützen die weitere Entwicklung der Sinneswahrnehmung und des Verstehens: körperliche Aktivitäten, die die Muskelspannung und die Koordination stärken, wie zum Beispiel Übungen, die sowohl feinmotorische wie auch grobmotorische Fertigkeiten erfordern, und solche, für die das „Überkreuzmuster“ benötigt wird.

Alle feinmotorischen Aktivitäten (wie Puzzles legen, zeichnen, mit Ton arbeiten) und alle Spiele, die die Vorstellungskraft anregen.
Werfen und fangen und alle anderen Spiele, die zu zweit oder in der Gruppe gespielt werden.

Eltern und andere Bezugspersonen sollten dafür sorgen, dass ihre „Kleinen" die Lernaktivitäten mit viel körperlicher Bewegung ausgleichen, damit Seh- und Haltungsschäden vermieden werden.

Sie können die Entwicklung des Sehvermögens dadurch sichern, dass Sie 15 Minuten vor dem Fernsehgerät mit einer halben Stunden körperlicher Bewegung ausgleichen – und die Augen Ihres Kindes regelmäßig überprüfen lassen.

Beginnen Kinder, Buchstaben oder ihren Namen zu schreiben, versuchen Sie es mit der „Tafel", wie in Kapitel 5 beschrieben, oder mit Computerprogrammen, die dem Kind automatisch dabei helfen, Wörter zu erkennen.

Lernspiele auf dem Computer oder Videos machen Spaß und vermitteln gute Lernerfahrungen.

Hält das Kind einen ausreichenden Abstand vom Fernsehgerät ein, so ist auch Fernsehen für die Augen nicht schädlich. Vielleicht verfügen Fernsehgeräte und Computer in Zukunft über Ausstattungen zum Schutz der Augen.

Zusammenfassung

* Die kindliche Entwicklung verläuft spiralförmig, häufig macht ein Kind dabei zwei Schritte vorwärts und dann wieder einen Schritt zurück – vor allem beim Verhalten!

* In diesem Kapitel wurde der Versuch unternommen, für jedes Alter einige charakteristische Merkmale herauszuarbeiten; das Leben entwickelt sich jedoch spiralförmig aufwärts und so kann man hier eigentlich nur stark verallgemeinern. Es gibt jedoch Grenzen für das Motto: „Das wird sich schon noch auswachsen." Eltern sind dann aufgefordert, etwas zu unternehmen, wenn sie das Gefühl haben, dass bei ihrem Kind „etwas nicht stimmt".

* Die „Zeit auf dem Bauch" ist für alle Babys außerordentlich wichtig.

* Verhaltensmanagement (also klare Verhaltensregeln) ist in jedem Alter ein Muss. Man wird sonst leicht zum Opfer kindlicher „Tyrannei"!

* Massage, körperliche Übungen und die Stimulation des Gleichgewichtssystems sind in jedem Alter wichtig, da sie das Gehirn zur Ausbildung von Nervenpfaden anregen.

* Das Umfeld muss dem Kind auch Musik anbieten, damit es Rhythmus, Koordination und Vorstellungskraft entwickeln kann und das Gehör angeregt wird.

* Alles entwickelt sich entsprechend den vorhergehenden Entwicklungsebenen.

* Ein bestimmtes Nahrungsmittel kann in manchen Fällen Verhaltensprobleme verursachen.

* Parks und Spielplätze sind besonders beliebt! Überzeugen Sie sich davon, dass der Spielplatz, den Sie mit Ihrem Kind besuchen, genügend bewegliche Spielgeräte zu bieten hat, auf und an denen Ihr Kind sich ausreichend betätigen und so seine räumliche Wahrnehmung entwickeln und sein Gleichgewicht trainieren kann.

3 UUUPS … – DER FALSCHE CODE

Es ist klar, dass Intelligenz nicht nur von alleine wächst, sie kann auch zum Wachsen gebracht werden.

C. Landreth

Entwicklung ist genetisch festgelegt, wird aber von biochemischen Faktoren sowie von Ereignissen in der Umgebung beeinflusst.

Die kindliche Entwicklung wird von vielen unterschiedlichen Faktoren beeinflusst. Die wichtigsten sind:

1. Erbanlagen
2. Probleme bei der Geburt oder während der Schwangerschaft
3. Mangel an Wahrnehmungs- und Bewegungserfahrungen
4. Krankheiten, Allergien und Nahrungsmittelunverträglichkeiten
5. Ernährung

Jeden dieser Faktoren sehen wir uns im Folgenden näher an.

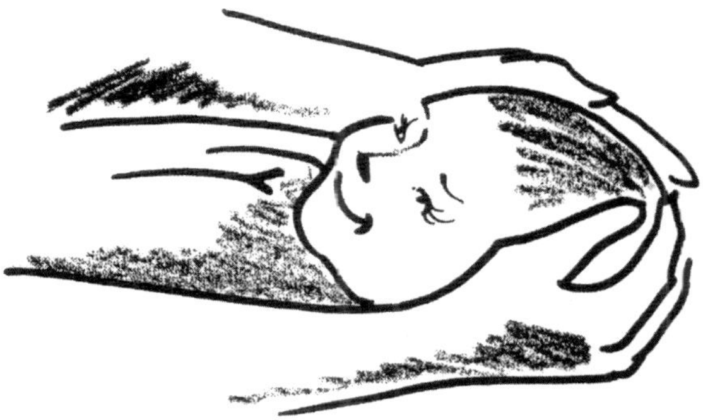

Zu den oben genannten Faktoren wurden bereits viele Studien durchgeführt. Wenn Sie zu einzelnen Aspekten mehr wissen wollen, so suchen Sie sich bitte im Literaturteil entsprechende Fachbücher aus.

Haben Kinder Entwicklungs- und/oder Lernprobleme, so finden sich in der Regel zwei oder mehr der oben angeführten Faktoren in ihrer Lebensgeschichte.

Selbst geringfügige neurologische Störungen wurden mit einem erstaunlichen Sortiment an Bezeichnungen versehen, angefangen bei „Dyspraxie" über „Autismussyndrom" bis hin zur „Aufmerksamkeitsdefizitstörung".

Ererbte Faktoren

Sollten Sie davon überzeugt sein, dass Ihr Kind gut lernen wird, weil *Sie selbst* gut lernen konnten, so ist dies ein Irrtum.

Ob ein Kind seine Erbanlagen voll ausschöpfen kann, hängt von vielen Faktoren ab, vor allem aber von seiner Umgebung: ob es etwa im Reagenzglas gezeugt wurde oder auf natürlichem Wege …

Hat ein Kind mit vier Jahren noch immer keine bevorzugte Hand für Aufgaben, die einer gewissen Geschicklichkeit bedürfen, benutzt es also vielleicht immer noch die rechte Hand auf der rechten Seite und die linke Hand auf der linken Seite, so sollten Sie diese Situation nicht als genetisch bedingt akzeptieren!

Ihr Kind schreit dann sozusagen nach Hilfe: „Ich bin ja vielleicht clever im Kopf, ich könnte aber noch viel schlauer sein!“

Schwangerschaft und Geburt

Die Entwicklung eines Kindes beginnt mit der Empfängnis.

Dieses kleine „Wunder“, das da im Mutterleib heranwächst, ist völlig von der Mutter abhängig. Wenn Sie noch in der Schwangerschaft sind, fragen Sie sich vielleicht, wie Sie Ihrem Kind beim Wachsen helfen und es für den großen Tag der Geburt vorbereiten können.

„Trinken Sie keinen Alkohol, rauchen Sie nicht und nehmen Sie möglichst keine Medikamente ein. Ernähren Sie sich gesund und besuchen Sie einen Geburtsvorbereitungskurs.“

Aktuelle Forschungen geben Grund zu der Annahme, dass Probleme, die auf Schwierigkeiten bei der Geburt zurückzuführen sind, während der ersten Lebensjahre durch geeignete Maßnahmen korrigiert werden können.

Überall existieren Organisationen, die Beratung und Unterstützung für Schwangere anbieten. Fragen Sie Ihren Arzt danach!

Mangel an Wahrnehmungs- und Bewegungserfahrungen

Eine normale Entwicklung hängt von den Sinneserfahrungen und den sozialen Kontakten ab.

Für die Entwicklung eines jeden Organismus ist es offenbar von entscheidender Bedeutung, dass ihm die Möglichkeit geboten wird, Erfahrungen mit vielen Reizen zu sammeln und eine Vielzahl von Reaktionen auszuprobieren.

Das kindliche Spiel ist eine reiche Quelle an Anregungen wie auch an Möglichkeiten, Reaktionen auszuprobieren.

Studien zur Entwicklung von Kleinkindern in unterschiedlichen Lebenssituationen (Heim, Krippe, familiäres Umfeld in unterschiedlichen Kulturkreisen) weisen eindeutig darauf hin, dass Kinder, die sehr früh Wahrnehmungs- und Bewegungserfahrungen sammeln können, sich schneller entwickeln.

In unserer westlichen Kultur nehmen die Gelegenheiten zu diesen frühen Erfahrungen unmittelbar nach der Geburt ab.

Viele Kleinkinder haben nicht die Möglichkeit, sich frei zu bewegen; sie werden gezwungen, lange Zeit unbeweglich (auf dem Rücken) in Wippen oder in Laufgittern zu verbringen, wo sie sich an den Gitterstäben hochziehen anstatt zu krabbeln; sie werden in Transportschalen festgeschnallt (was für ihre Sicherheit beim Autofahren notwendig ist) oder durch einengende Kleidung an gesunder Bewegung gehindert.

Viele werden einfach vor das Fernsehgerät gesetzt, damit die flimmernde Mattscheibe sie ruhig hält. Selbstverständlich kann eine in Maßen eingesetzte, kindgerechte Ausstattung hilfreich sein, das Kind ruhig und sauber zu halten. Dennoch müssen Eltern und andere Bezugspersonen verstehen, wie wichtig Bewegungsfreiheit für ihr Kleinkind ist. Der Fußboden ist der „Sportplatz des Kindes".

Auch ältere Kinder leben häufig in einer Umgebung, die sie in ihren Bewegungen einschränkt: Es ist natürlich einfacher, ein Kind schnell über ein Hindernis hinwegzuheben, und natürlich kommt man auch schneller voran, wenn das Kind im Kinderwagen sitzt.

Eltern/Bezugspersonen müssen ihren Kleinkindern viel Zeit auf dem Bauch zugestehen; diese Zeit muss jeweils zwei- bis dreimal länger sein als die, die das Kind in einer Vorrichtung festgehalten wurde, die seine Bewegungsfreiheit einschränkt.

Lassen wir hingegen zu, dass unsere Kinder ihre neu erworbenen Fertigkeiten wie etwa das Laufen intensiv üben, so verbessern sie dadurch Gleichgewicht und Körperhaltung und lernen Dinge kennen, die in ihrer unmittelbaren Umgebung zu finden sind, wie zum Beispiel Stöckchen, Blätter und Blumen. Unser modernes Leben besteht hauptsächlich aus Eile und unsere Kinder sind die unschuldigen Opfer dieses Lebensstils.

Krankheiten, Allergien oder Nahrungsmittel-Unverträglichkeiten

Kinder mit Entwicklungs-, Verhaltens- und/oder Lernproblemen leiden häufig auch an ernsthaften Erkrankungen, an häufigen Fieberschüben, hartnäckigen Infektionen von Ohren, Nase, Hals oder Bronchien, an immer wiederkehrenden Hautproblemen wie Ekzemen, Asthma, wunden Ausschlägen oder eitrigen Entzündungen sowie an Hör- bzw. Aufmerksamkeitsproblemen oder Sprachschwierigkeiten; auch das Bettnässen gehört in diese Aufzählung.

Die meisten Nahrungsmittelallergien (oder Unverträglichkeiten) treten in einem sehr frühen Alter und besonders bei solchen Kindern auf, die auch an Ekzemen, Asthma, Schwellungen im Gesicht oder Ausschlägen unmittelbar nach einer Mahlzeit leiden.

So werden zum Bespiel Erdnüsse in vielen Nahrungsmitteln verarbeitet und können schwere allergische Reaktionen auslösen. In solchen Fällen sollte ein Arzt aufgesucht werden.

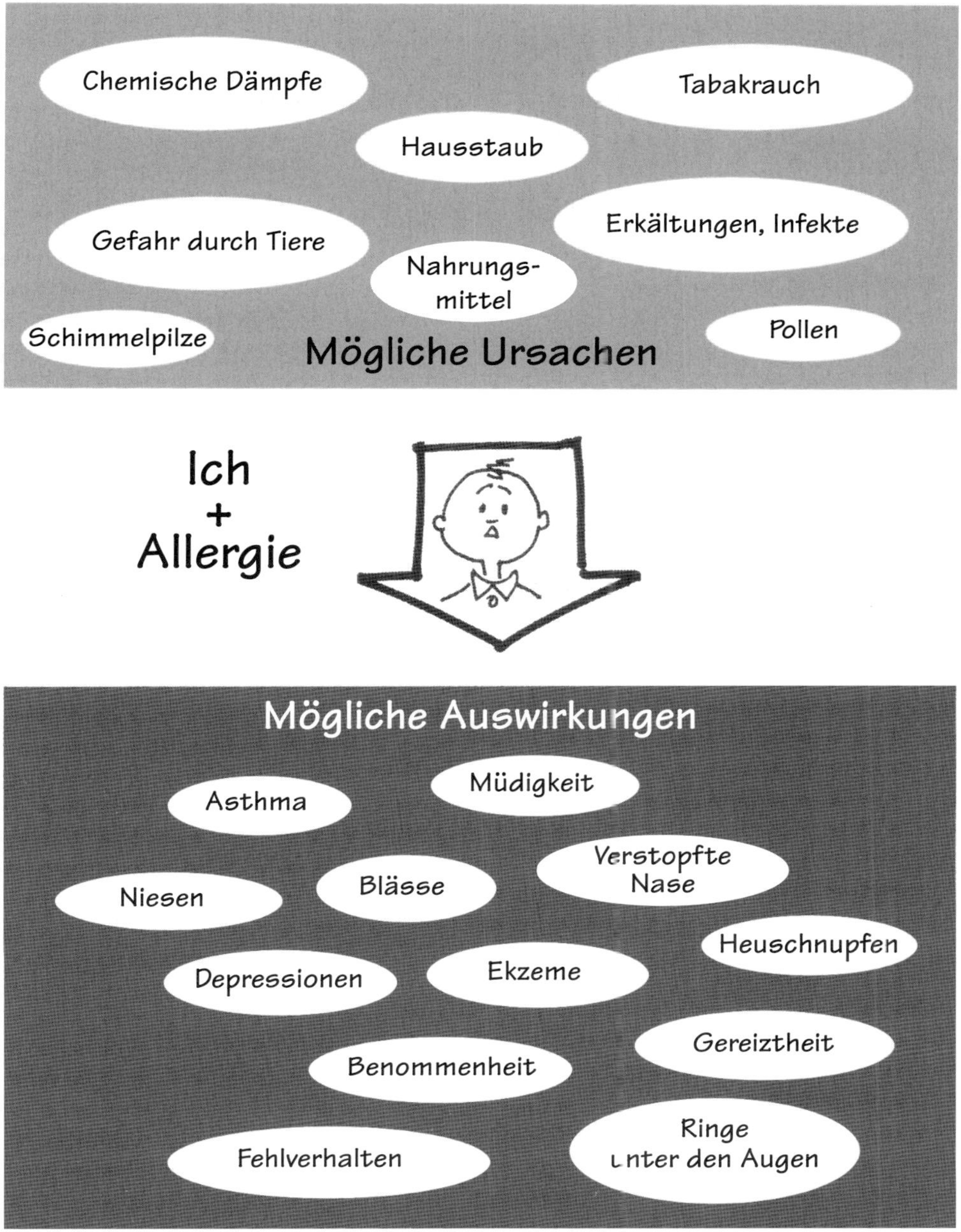
Chemische Dämpfe
Tabakrauch
Hausstaub
Gefahr durch Tiere
Erkältungen, Infekte
Nahrungsmittel
Schimmelpilze
Pollen
Mögliche Ursachen
Ich + Allergie
Mögliche Auswirkungen
Asthma
Müdigkeit
Niesen
Blässe
Verstopfte Nase
Heuschnupfen
Depressionen
Ekzeme
Gereiztheit
Benommenheit
Fehlverhalten
Ringe unter den Augen

Es gibt viele Gründe, die für fehlende Aufmerksamkeit und Hyperaktivität verantwortlich sein können. Diese intelligenten Kinder erhalten oft das Etikett „ADS".

Was hört Ihr Kind? Was sieht es?

Hauen Kinder die, die neben ihnen sitzen, weil diese zu stark riechen oder zu laut reden?

Orangen, Aprikosen, Äpfel und Gurken enthalten Salizylsäure, die verheerende Auswirkungen haben kann.

Ebenso erweisen sich künstliche Farb- und Geschmacksstoffe häufig als reines „Dynamit".

Schauen Sie sich immer die neurologische Entwicklung Ihres Kindes an, nicht Ihre eigene!

Akzeptieren Sie nicht, dass jede Auffälligkeit bei Ihrem Kleinkind angeboren sein soll. Hören Sie immer noch eine zweite Meinung.

Die Eltern eines Mädchens, das mit stark asymmetrischem Gesicht geboren worden war, erhielten die Information, dies sei genetisch bedingt; diese Diagnose ist äußerst erschreckend, wenn man bedenkt, dass das deformierte Gesicht von einem Geburtstrauma herrührte und durch Massage korrigiert werden konnte.

GESUNDE ERNÄHRUNG

„Füttern" Sie Gehirn und Körper Ihres Kindes mit guten Nahrungsmitteln!

Das Gehirn benötigt ausreichend Proteine, Kohlehydrate, Vitamine und Mineralien (zur Bildung von Aminosäuren, den Bausteinen der Proteine), komplexe Kohlehydrate (für Energie), essenzielle Fette ebenso wie genügend Mineralien und Wasser.

Eine ungeeignete Ernährung kann dafür verantwortlich sein, dass zu wenig essenzielle Vitamine, Mineralien und Aminosäuren aufgenommen werden. Dies kann auch durch Allergien oder Unverträglichkeitsreaktionen auf bestimmte Nahrungsmittel verursacht werden und Einfluss auf den geistigen und körperlichen Gesundheitszustand des Kindes nehmen.

Eine gesunde Ernährung besteht immer aus einer Vielfalt an frischen Lebensmitteln; dazu gehören mageres Fleisch, Fisch, Hülsenfrüchte, Vollkornprodukte, frisches Obst und Gemüse. Versuchen Sie Lebensmittel auszuschließen, denen Zucker, künstliche Farb-, Geschmacks- und Konservierungsstoffe zugesetzt wurden.

Brauchen Kinder ergänzend Vitamin- und Mineralstoffe?

Werden Kinder mit qualitativ hochwertigen Lebensmitteln ausgewogen ernährt, so sind in der Regel keine Ergänzungsstoffe notwendig. Die Übersäuerung unserer Böden, lange Lagerzeiten, industrielle Vorverarbeitung sowie Kochen führen jedoch zu einem Verlust an Nährstoffen in unseren Lebensmitteln und legen die Vermutung nahe, dass die meisten Kinder (und Erwachsenen) von Nahrungsergänzungsmitteln profitieren würden.

Unser Körper benötigt zur Aufrechterhaltung seiner normalen Funktionen viele unterschiedliche Mikronährstoffe. Deren Fehlen kann zu einer Reihe von Erkrankungen führen.

Auch der Kontakt mit Blei, Quecksilber und Kadmium wurde mit vielen Störungen, vor allem bei Kindern, in Verbindung gebracht.

Die Mineralstoffe Eisen und Zink sind für Wachstum und Entwicklung des Kindes besonders wichtig. Eisen wird für die Entwicklung von geistigen und motorischen Fertigkeiten benötigt. Viele Studien haben gezeigt, dass Zink ein wichtiger Mineralstoff für optimales Wachstum von Kindern ist.

In Ländern, in denen die Versorgung mit einwandfreien Lebensmittel gewährleistet ist, können Kinder sehr wählerische Esser sein und Nahrungsmittel aus wichtigen Gruppen wie Obst und Gemüse verschmähen.

Ist Ihr Kind ein schlechter Esser, so ist ein Multivitaminpräparat empfehlenswert.

Zusammenhänge mit der Ernährung

Werden die Bestandteile, auf die das Kind allergisch reagiert (wie Zucker, Farbstoffe, Weizen oder andere), aus der Ernährung weggelassen, so fühlt das Kind sich besser, es kann besser denken, ist aufmerksamer und verhält sich besser. Diese Zusammenhänge sind mittlerweile durch viele Studien belegt.

Viele Kinder mit Verhaltensstörungen sind absolut verträglich, solange sie keine Mahlzeit erhalten, die hauptsächlich aus Zucker besteht. (Vgl. die Geschichte von Robert am Schluss des Buches.)

Natürlich gibt es viele Ursachen für Verhaltensstörungen, Nahrungsmittel können jedoch eine davon sein.

Für die Kinder, die körperlich, emotional oder geistig auf bestimmte Lebensmittel, auf Farbstoffe oder andere Zusätze reagieren oder auf bestimmte Umweltfaktoren allergisch sind, kann das Leben zur Katastrophe werden.

Davon ist nicht allein das Kind betroffen, sondern auch seine Familie und das ganze Umfeld.

Vor allem sehr aggressive, hyperaktive Kinder reagieren dramatisch auf eine Ernährung, die sämtliche Lebensmittel mit chemischen Zusätzen, künstlichen Farb- und Geschmacksstoffen und Zucker ausschließt.

"Bagatellen"

Eltern und andere Bezugspersonen können die Lebensqualität ihrer Kinder dramatisch verbessern – vorausgesetzt, jemand sagt ihnen, worauf sie achten müssen und warum.

Die in diesem Buch erwähnten Bagatellprobleme sind nicht vollzählig und auch keine Vorboten bevorstehender Schwierigkeiten – sie sind lediglich Anzeichen für „mögliche“ Ursachen, die später zu Entwicklungs- und/oder Lernverzögerungen führen können.

Häufig lassen Kinder keine erkennbaren Anzeichen neurologischer Störungen erkennen.

Möglicherweise funktioniert ihr Gehirn (ihr persönlicher Computer) völlig normal – nur *eine* Funktion ist vielleicht nicht zu hundert Prozent verfügbar. Solche Bagatellstörungen im System können die Entwicklung des Kindes stören, dies ist jedoch nicht zwangläufig der Fall.

Inzwischen erfüllen allerdings bereits 20 Prozent der Kinder im Schulalter nicht mehr die ihrem Alter entsprechenden durchschnittlichen Anforderungen, was darauf schließen lässt, dass diese „Bagatellen“ die Lebensqualität dieser Kinder durchaus bereits beeinflussen.

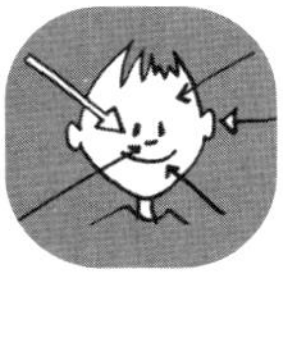

Wenn Ihr Kind ...

Wenn Ihr Kind solche „Bagatellprobleme“ hat (wenn es zum Beispiel nicht die seinem Alter entsprechenden, in diesem Buch vorgestellten, Dinge tun kann), so machen Sie sich keine Sorgen – aber …

UNTERNEHMEN SIE ETWAS!

Lassen Sie sich nicht mit Floskeln wie den folgenden abwimmeln:

Das wächst sich aus.

Sie hätte mehr Erfolg, wenn sie sich mehr anstrengen würde.

Er/sie arbeitet gut – für seine/ihre Verhältnisse … (Was immer das heißen soll)

Sie sind keineswegs übervorsichtig! Sie sind sozusagen der „Lehrer“, der Ihr Kind am meisten liebt, es am ehrlichsten meint und sich am meisten verantwortlich fühlt.

„Bagatellen“ können sich später zu echten Problemen entwickeln.

ZUSAMMENFASSUNG

✻ Seien Sie vorsichtig mit Etikettierungen – auch Fachleute können sich irren. Holen Sie auf jeden Fall immer eine zweite Meinung ein.

✻ Achten Sie darauf, dass sich ein „Spezialist“, der sich Ihr Kind ansieht, *dessen* neurologische Entwicklung anschaut, nicht *Ihre*!

✻ Passen Sie vom Augenblick der Zeugung an gut auf Ihr persönliches „Wunder“ auf.

✻ Nahrungsmittelallergien sind heute sehr häufig und ein wahres Übel. Sie können in den unterschiedlichsten Schweregraden auftreten, von Hautausschlägen und Ekzemen bis hin zu grippeähnlichen Symptomen. Sind die Symptome sehr stark, so ist es in jedem Fall ratsam, Ihren Kinderarzt aufzusuchen.

✻ Hat Ihr Kind Verhaltensprobleme, machen Sie sich regelmäßig Notizen darüber und versuchen Sie festzustellen, unter welchen Bedingungen Ihr Kind die größten Probleme hat. Lesen Sie auch das Fallbeispiel von Robert am Ende dieses Buches!

✻ Akzeptieren Sie das Etikett ADS nicht, bevor Sie Faktoren wir Ernährung, Seh- und Hörvermögen überprüft haben. (Ein „Supergehör“ kann enormes Leiden verursachen und es ist kein Wunder, dass solche Kinder einfach „abschalten“.)

* Vergessen Sie nie, dass das kindliche Spiel eine reiche Quelle der Stimulation darstellt.

* Falls Sie sich Sorgen um Entwicklung und/oder Lernverhalten Ihres Kindes machen, dann *tun* Sie etwas, egal welches Alter Ihr Kind hat. Im besten Fall tun Sie es nur zu Ihrer eigenen Beruhigung, im schlimmsten Fall können Sie vielleicht größere Probleme verhindern.

4 Das System neu starten

Das größte Hindernis für die kindliche Entwicklung sind räumliche Restriktionen.

Barsch

Die Codes für das Lernen aufrufen

Jede Form neurologischer Unausgereiftheit sollte so früh wie möglich korrigiert werden, damit sich eine gute Grundlage für das Lernen entwickeln kann. Dies wird dadurch ermöglicht, dass wir einige der Aktivitäten nachholen (neu starten oder prägen), durch die die Nervenpfade des kindlichen Gehirns programmiert werden. Dies lässt sich besonders gut in der frühen Kindheit erreichen.

Sie können selbst herausfinden, ob Ihr Kind Lernprobleme hat. In der Regel ist dafür ein Schnelltest ausreichend. Schauen Sie sich die folgenden Beobachtungen genau an und vergessen Sie nicht: Sie sind nicht überängstlich; Sie sind Vater oder Mutter Ihres Kindes und somit für das Kind *verantwortlich*.

Alle Kinder entwickeln sich in unterschiedlichem *Tempo*, die Entwicklungsschritte als solche stellen jedoch Normen dar. Es ist nicht Absicht dieses Buches, jedes kleine Wehwehchen, jede Bagatelle in der kindlichen Entwicklung zu „diagnostizieren". Die Autorin glaubt jedoch als Mutter, dass wir das Recht haben zu wissen, worauf wir achten sollten und wie wir unseren Kinder helfen können.

Vor diesem Hintergrund geben die bisherigen Kapitel einen Überblick über die normalen Entwicklungsschritte in den entsprechenden Altersabschnitten bis zum Schuleintritt. Jede Abweichung von diesen Richtlinien kann eine Bagatelle sein, die die Fähigkeit des Kindes, seine angeborenen Möglichkeiten zu entfalten, beeinträchtigen kann oder auch nicht.

Ist Ihr Kind in Bezug auf eine der beschriebenen Aufgaben zu langsam, so unternehmen Sie etwas!

(Denken Sie daran, frühes Eingreifen hilft.)

Tun Sie etwas!
Was sollen wir tun?

"Was sollen wir denn tun?", werden Sie vielleicht fragen ...

Sollten Sie vielleicht das Sehvermögen Ihres Kindes überprüfen lassen?

Oder müsste sein Gehör untersucht werden?

Die Nachbarin hat neulich irgendetwas von Ernährung und Allergien erzählt. Wen soll man danach fragen?

Was können Sie hinsichtlich der schlechten Koordination oder der „Händigkeit" Ihres Kindes unternehmen?

Die Kindergärtnerin sagt, Ihr Kind sei noch nicht schulreif. Warum?

Wo kann man sich diesbezüglich Rat holen?

Sie haben die Möglichkeit, Ihr Kind verschiedenen Spezialisten vorzustellen und sich deren Meinung anzuhören.

Vielleicht sind Sie an den verschiedenen Programmen zur Förderung der neurologischen Entwicklung interessiert, die unter der Bezeichnung *Get Smart* entwickelt wurden und in Kapitel 5 dieses Buches vorgestellt werden – diese können Ihrem Kind durchaus helfen, wenn es Schwierigkeiten hat.

Wir haben diese Programme in verschiedene Abschnitte unterteilt:

Geburt – 15 Monate
15 Monate – 2,5 Jahre
2,5 Jahre – 3,5 Jahre
3,5 Jahre und älter

Wohin zuerst?

Bevor wir uns die Übungs-Programme in Kapitel 5 näher anschauen, wollen wir die verschiedenen Spezialisten vorstellen, die Ihnen hinsichtlich der Entwicklung Ihres Kindes Hilfe und Unterstützung bieten können:

1. Kinderärzte
2. Osteopathen
3. Augenoptiker/Optometristen und Augenärzte (spezialisiert auf die kindliche Entwicklung)
4. Ernährungsberater, spezialisiert auf Nahrungsmittelallergien
5. Experten fürs Hören: Ohrenärzte, Logopäden, Klang- und Sprachtherapeuten
6. Physiotherapeuten, Ergotherapeuten

Wie können diese Spezialisten helfen?
... warum sollten sie aufgesucht werden?

Es folgen einige Informationen über die einzelnen Arbeitsbereiche.

Kinderärzte

Ein Kinderarzt ist ein Arzt mit einer fünf Jahre dauernden Zusatzausbildung für Probleme und Erkrankungen von Kindern.

Einen Kinderarzt sollten Sie dann aufsuchen, wenn Ihr Kind nicht gedeiht, immer wiederkehrende Probleme mit Infektionen oder Entzündungen hat (etwa mittelschwere bis schwere Ekzeme oder Asthma) oder wenn Ihr Kind an einer chronischen Kinderkrankheit leidet, wie zum Beispiel Kinderlähmung, Diabetes oder zystische Fibrose (Mukoviszidose).

Auch wenn Sie den Verdacht haben, dass Ihr Kind Entwicklungs- oder Verhaltensstörungen aufweist, wie etwa eine zu hohe oder zu niedrige Muskelspannung, empfiehlt es sich, den Rat eines Kinderarztes einzuholen.

Eltern haben oft das Gefühl, dass mit ihrem Kind „etwas nicht stimmt". Meist haben sie damit Recht!

Erreichen Kinder bestimmte Entwicklungsabschnitte (wie Krabbeln, Laufen und Sprechen) nicht innerhalb eines bestimmten Zeitrahmens, so kann dies im Laufe der Zeit zu Entwicklungsverzögerungen führen. Daraus ergeben sich wiederum soziale, emotionale und/oder Verhaltensprobleme.

Osteopathen

Die Osteopathie ist eine Methode, für die Gesundheit des ganzen Menschen zu sorgen, indem die körperlichen und hier besonders die knöchernen Strukturen ins Gleichgewicht gebracht werden, sodass sie frei funktionieren können. In der Osteopathie wird mit den Händen an Knochen, Muskeln und Sehnen gearbeitet. In Amerika werden viele Babys regelmäßig von einem Osteopathen untersucht.

Der Osteopath überprüft auch, ob Geburtsstress vorliegt, und leitet, wenn nötig, eine Behandlung ein; auf diese Weise können viele Probleme im Vorfeld bereits behoben werden, angefangen bei Saugproblemen im Säuglingsalter bis hin zu gesundheitlichen Problemen, Lernproblemen sowie intellektuellen und emotionalen Behinderungen im weiteren Verlauf der Kindheit.

Sanftes Bearbeiten von Knochen, Muskeln und Sehnen löst muskuläre Verspannungen, gibt den Gelenken wieder Gefühl und verbessert Atmung und Blutzirkulation. So lassen sich viele Probleme verbessern, etwa Lern- und Verhaltensprobleme im Schulalter, Schlafstörungen, Hyperaktivität.

Für viele Eltern von kränklichen, gereizten Babys, die nur schwer zu beruhigen sind, oder von Babys mit Koliken war die Behandlung durch den Osteopathen die Lösung ihrer Probleme.

Augenoptiker/Optometristen und Augenärzte

Hat Ihr Kind Probleme mit den Augen, sieht es vielleicht nicht gut? Sollten Sie einen Augenarzt aufsuchen?

Gehen Sie zunächst zu einem Optometristen – dieser Berufsbezeichnung aus den englischsprachigen Ländern entspricht in Deutschland etwa der Augenoptiker. Er kann das Sehvermögen Ihres Kindes überprüfen (messen). Besteht der Verdacht, dass ein organisches Problem zugrunde liegt, so kann er Sie zu einem Augenarzt überweisen.

Der Optometrist/Augenoptiker überprüft auch, ob die Augen des Kindes zu schnell ermüden. Im Alter von drei und fünf Jahren sollten alle Kinder einen Seh- und einen Hörtest machen.

Ein Augenoptiker überprüft bei Ihrem Kind beispielsweise folgende Funktionen:

Kann das Kind beide Augen gleichzeitig und gleichmäßig, ohne zu stocken und ohne den Kopf mit zu bewegen, von links nach rechts führen?

Kann das Kind die Augen auf ganz bestimmte Punkte richten und wie schnell kann es diese Ausrichtung wechseln?

Verfügt das Kind auch am Rand seines Blickfelds über ausreichende Sehfähigkeit?

Neurologische Unreife (aufgrund langjähriger Sehprobleme) kann die körperlichen Fähigkeiten und in der Folge auch das Verhalten des Kindes beeinträchtigen.

Ernährungsberater, spezialisiert auf Nahrungsmittelallergien

Beschäftigt Sie die Frage nach der passenden, für Ihr Kind geeigneten Ernährung oder hat Ihr Kind Probleme mit Allergien, die häufig Auslöser für Infektionen von Hals, Nase und Ohren oder für Lernprobleme sein können, so besorgen Sie sich entsprechende Bücher und/oder nehmen Sie Kontakt zu Ernährungsberatern oder zu einem Arzt für Orthomolekularmedizin auf.

Kommt es während einer kritischen Lernphase in der frühen Kindheit (Geburt bis drei Jahre) zu einem Verlust an Hörvermögen, so können sich daraus Gleichgewichts-, Sprach-, Lern- und Verhaltensprobleme ergeben.

Mit Hilfe des Internets werden Sie sicherlich Fachleute der genannten Art finden, die für Sie erreichbar sind.

Experten fürs Hören: Ohrenärzte, Logopäden, Klang- und Sprachtherapeuten

Eine Untersuchung des Hörvermögens wird sicherlich klären, ob ein Kind schlecht hört. Hört es „zu gut", so äußert sich dies in der Regel ebenfalls in Form von Verhaltensproblemen.

Eines der größten Probleme, das Kinder in einem lauten Klassenzimmer haben können, ist ***zu gut*** *zu hören.*

Fluoreszierendes Licht, Computerbildschirme, eine nahe gelegene verkehrsreiche Straße oder einfach ein Lehrer, dessen Stimme eine Frequenz hat, die „weh tut", das alles kann solche Kinder sehr stark ablenken.

Durch Überreizung verursachte Verhaltensprobleme können von einem Klangtherapeuten behandelt werden.

Haben Sie den Eindruck, dass Ihr Kind Schwierigkeiten mit Hören und Sprechen hat?

Kinder mit häufigen Erkrankungen von Hals, Nase und Ohren infolge von Allergien oder Infekten verfügen in bestimmten Frequenzen häufig über ein verringertes Hörvermögen. Stimmen diese Frequenzen mit den Frequenzen der menschlichen Stimme überein, so kann dies die Sprache dieser Kinder beeinträchtigen und sie können nur langsam lesen lernen, wenn dies über „lautes Aussprechen" der Laute gelernt werden soll.

Spricht man mit einem solchen Kind sehr laut, so kann dies tatsächlich seine Ohren verletzen und das Kind lernt „abzuschalten". Manchmal sprechen diese Kinder selbst sehr laut, um die anderen störenden Geräusche zu übertönen, oder sie stellen das Fernsehgerät lauter.

Im Alter von etwa drei Jahren bildet sich die Lateralität aus und leichtes Stottern kann in dieser Phase durchaus vorkommen.

Haben Kinder Schwierigkeiten aufmerksam zu sein, so droht ihnen das Etikett „ADS". Häufig versuchen diese Kinder jedoch lediglich, die externe Stimulation so gering wie möglich zu halten, und ignorieren deshalb den „Lärm" um sie herum einfach oder versuchen sich von der Stimulation abzulenken.

Bei den oben genannten Fachleuten können Sie sich beraten lassen, was zu tun ist.

Physiotherapeuten, Ergotherapeuten

Mangelt es Ihrem Kind ganz offensichtlich an Koordination oder lässt es keine Bevorzugung einer Hand erkennen?

Konnten Sie klären, dass Ihr Kind keine Probleme mit dem Sehen oder dem Hören hat, so ist es vielleicht einfach noch etwas „unreif". Es ist vernünftig, einen solchen Spezialisten aufzusuchen und, wenn nötig, mit ihm ein Therapieprogramm zu besprechen. Bitten Sie um ein Programm, das sich auch zu Hause durchführen lässt, denn in der Regel genügt es nicht, einmal pro Woche den Spezialisten aufzusuchen.

In diesem Bereich sind viele Therapeuten unter den verschiedensten Bezeichnungen tätig. Viele Physiotherapeuten und Ergotherapeuten, die auch eine pädagogische Ausbildung haben, sind in unterschiedlichen Bereichen versiert. Fragen Sie – Sie sind der Klient!

ZUSAMMENFASSUNG:

* Dieses Kapitel soll Ihnen Stoff zum Nachdenken geben, und zwar in Bezug auf die Frage, zu welchem Spezialisten Sie mit welchem Problem in der Entwicklung Ihres Kindes gehen sollten; zu diesem Zweck werden die Spezialgebiete der unterschiedlichen Fachleute kurz vorgestellt.

* Es ist immer möglich, die Entwicklung und/oder die Lernfähigkeit Ihres Kindes „neu zu starten". Sie brauchen sich nur immer wieder vor Augen zu führen, dass es um *Ihr* Kind geht! Treffen Sie eine Entscheidung und handeln Sie entsprechend!

5 Bits und Bytes: Übungen

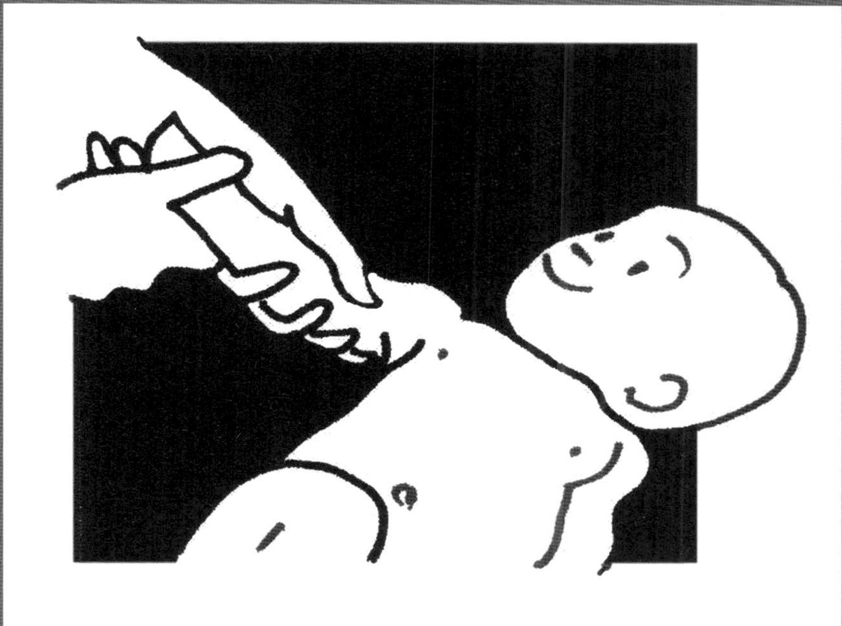

Ohne Hoffnung kein Bemühen. Ohne Bemühen keine Hoffnung.

(Urheber unbekannt)

Die Übungen in diesem Kapitel sind Vorschläge für Eltern, die ihr Kind gezielt unterstützen möchten.

Tut Ihr Kind sich mit einer der Übungen schwer, so zwingen Sie es nicht dazu.

Sämtliche Aktivitäten sind so allgemein wie möglich gehalten; probieren Sie sie aus und entscheiden Sie dann, ob Sie ein speziell auf Ihr Kind zugeschnittenes Programm zusammenstellen wollen.

Befindet sich Ihr Kind in ärztlicher Behandlung, so sprechen Sie mit Ihrem Arzt, bevor Sie mit den Übungen beginnen.

Nicht vergessen: Viel loben und Mut machen!

GEBURT BIS 15 MONATE
ÜBUNGSFOLGE NR. 1

2 Minuten	**Massage für Babys und Kleinkinder** (Übung A1, 2)	*Auch Kleinkindern, die bereits laufen können, tut es gut, massiert zu werden – versuchen Sie Ihr Kind dabei zunächst auf den Bauch, anschließend auf den Rücken zu legen. Vielleicht will Ihr Kind unbedingt auf Ihrem Schoß sitzen oder auf Ihren Beinen liegen. Es gibt eine ganze Reihe guter Bücher über Massagen für Babys und Kleinkinder. Sie können auch Ihren Kinderarzt danach fragen.*
2 Minuten	**Übungen zu Musik**	*Das Kind liegt auf dem Rücken und bewegt seine Arme auf und ab sowie nach außen und innen; danach werden dieselben Bewegungen (zu Musik) in langsamem Tempo auch mit den Beinen ausgeführt. Anschließend wird die Übung auf dem Bauch liegend wiederholt – singen Sie zur Musik.*
2 Minuten	**Anregen des Gleichgewichtssystems** (Übung D1)	*Rollen und Schaukeln, sobald das Kind alt genug dafür ist; auch langsames, sanftes Drehen und Tanzen machen großen Spaß.*
2 Minuten	**Massage** (Übung A1, 2)	*... oder die Grundmassage für Kleinkinder*
2 Minuten	**Anregen des Gleichgewichtssystems** (Übung D2)	

(Genaue Anleitungen zu den mit Buchstaben und Zahlen gekennzeichneten Übungen finden Sie auf den Seiten 157 bis 198.)

Führen Sie diese Übungsfolge mindestens viermal täglich durch. Sie können auch zwei Durchgänge nacheinander machen.

15 Monate bis 2,5 Jahre Übungsfolge Nr. 2

2 Minuten	**Entspannung & Massage** (Übung A2)	*Zu Beginn jeder Übungsfolge liegt Ihr Kind in der „Krokodil"-Position. (Übung C)*
2 Minuten	**Wurm** (Übung B)	
5 Minuten	**Krokodilgang** (Übung C-a)	*Im Einklang (Gleichschritt) mit Musik den Krokodilgang nachahmen*
2 Minuten	**Rollen** (Übung D2)	
2 Minuten	**Krokodilgang** (Übung C-a)	*Zu Beginn nur einige wenige Wechsel mit Hilfestellung*
2 Minuten	**Purzelbäume** (Übung D3)	*Mit Hilfestellung – achten Sie darauf, dass das Kinn Ihres Kindes seine Brust berührt, damit es nicht über den Kopf abrollt.*
1 Minute	**Augenübungen** (Übung F1, 2)	
2 Minuten	**Krokodilgang** (Übung C-a)	*Wie oben*
2 Minuten	**Langsames Drehen** (Übung D1, 9)	*In einem Bürostuhl oder etwas Ähnlichem*
2 Minuten	**Massage** (Übung A2)	*In der „Krokodil"-Position beginnen, dann für die Massage der vorderen Körperhälfte auf den Rücken drehen*
2 Minuten	**Hüpfen/ „Kniebeugen"** (Übung J)	*Eine gute Gelegenheit, Bewegung mit Denken zu verknüpfen: Wiederholen Sie im Rhythmus des Hüpfens die Wochentage, kurze Verse, Stundenpläne, zählen Sie von eins bis zehn oder Ähnliches.*

Führen Sie diese Übungsfolge zweimal täglich durch. Sie können auch zwei Durchgänge nacheinander machen.

2,5 bis 3,5 Jahre Übungsfolge Nr. 3

5 Minuten	**Auf dem Bauch robben** (Übung C-b)	*Wechsel vom „einseitigen" Krokodilgang zum Überkreuzmuster*
2 Minuten	**Purzelbäume und Schubkarre** (Übung D3, 7)	
2 Minuten	**Engel im Sand** (Übung E1)	*Auf dem Rücken liegend*
2 Minuten	**Rollen** (Übung D2)	*Entlang einer geraden Linie rollen. Diese Linie könnte zum Beispiel im Muster eines Teppichs zu finden sein oder Sie legen einen Wollfaden auf den Boden oder lassen das Kind einen kleinen Abhang oder eine andere abschüssige Fläche hinunterrollen.*
2 Minuten	**Schaukeln oder Drehen** (Übung D1–10)	*Wechseln Sie zwischen diesen Übungen ab.*
1 Minute	**Augenübungen** (Übung F4)	*Hängender Ball*
1 Minute	**Auf dem Kopf stehen und „Häschen hüpf"** (Übung D5, 6)	
5 Minuten	**„Anschleichen wie ein Tiger"** (Übung G)	*Auf Händen und Knien krabbeln statt Krokodilgang*
2 Minuten	**Trampolin** (Übung K1)	

Führen Sie diese Übungsfolge zweimal täglich durch. Sie können auch zwei Durchgänge nacheinander machen.

Nachdem Sie die Übungsfolge Nr. 3 sechs Wochen lang täglich durchgeführt haben, gehen Sie zur Übungsfolge Nr. 4 über.

2,5 bis 3,5 Jahre
Übungsfolge Nr. 4

5 Minuten	**Auf dem Bauch robben** (Übung C-b)	
5 Minuten	**Engel im Sand** (Übung E2)	*Auf dem Rücken liegend; Überkreuzübungen*
2 Minuten	**Anregen des Gleichgewichtssystems** (Übungen D3, 4, 5, 6)	*Wählen Sie nur eine Variante aus.*
1 Minute	**Augenübungen** (Übungen F1, 2, 3)	*Führen Sie die Übungen abwechselnd durch.*
2 Minuten	**Rollen und Schaukeln** (Übungen D2, 10)	
3 Minuten	**Hängender Ball** (Übung F5)	
5 Minuten	**Krabbeln gegen Widerstand** (Übung H)	
5 Minuten	**Trampolin** (Übungen K1, 2, 3)	

**Führen Sie dieses Programm zweimal täglich durch.
Sie können auch zwei Durchgänge nacheinander machen.**

3,5 Jahre und älter
Übungsfolge Nr. 5

	Wiederholen Sie das vorhergehende Programm mit folgenden Änderungen oder Ergänzungen:
2 Minuten	Zusätzlich Überkreuzgehen und Marschieren zu Musik (Übung I 1, 2)
2 Minuten	Zusätzlich Kegeln und Werfen im Überkreuzmuster
1–2 Minuten	Hängender Ball (Übung F6)
2 Minuten	Tauschen Sie für ältere Kinder den Krokodilgang gegen Krabbeln auf Händen und Knien aus.
5 Minuten	Fügen Sie „Buchstaben formen"/Buchstabieren hinzu – falls angebracht (Übung M).
10 Minuten	Fügen Sie „Wörter erkennen" hinzu – falls angebracht (Übung L)

Spielen Sie während dieser Übungen Barockmusik; diese Musik bewirkt eine Mikromassage der Nervenenden im Innenohr.

Kinder mit außergewöhnlich feinem Gehör brauchen vielleicht eine spezielle Klangtherapie.

Führen Sie dieses Programm viermal täglich durch; wenn möglich, jeweils zwei Durchgänge nacheinander.

Übung A1 – Massage für Babys und Kleinkinder bis 18 Monate

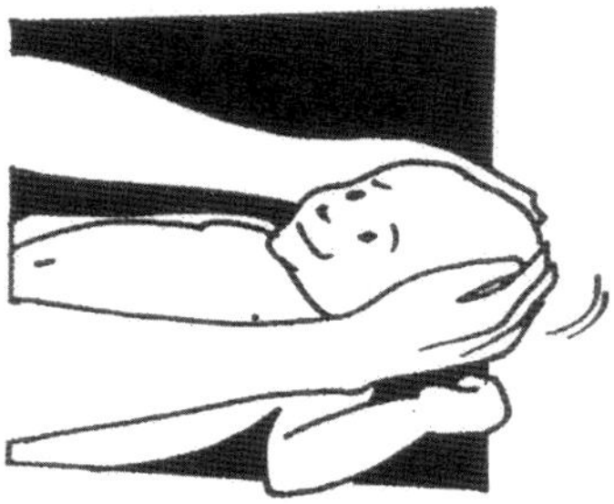

Kopf
Streichen Sie mit den Daumen von der Mitte der Stirn nach außen bis zu den Schläfen, anschließend mit der flachen Hand sanft über Stirn und Schädel. Rubbeln Sie vorsichtig die Bäckchen Ihres Kindes.

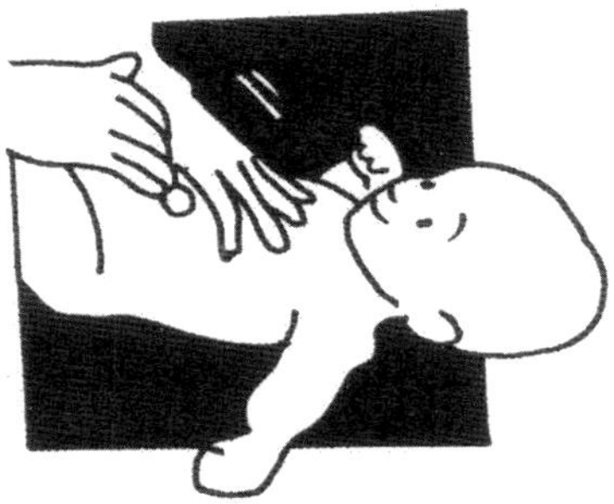

Brust
Streichen Sie mit beiden Händen von der Mitte auswärts zur linken und rechten Seite des Körpers.

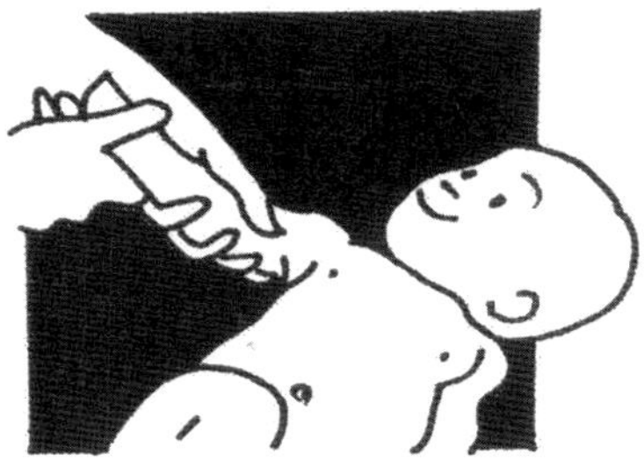

Arme
Streichen Sie zunächst über die Schulter, umrunden Sie die Schulter und kommen Sie wieder nach vorne; streichen Sie den Arm abwärts bis zu den Fingern. Sie können auch den Arm abwechselnd mit der linken und der rechten Hand umfassen und sich langsam nach unten arbeiten, indem Sie immer mit einer Hand vor die andere greifen. Streichen Sie über den Handrücken des Kindes, damit sich die Finger öffnen. Sie können dann noch jeden einzelnen Finger massieren.

Bauch
Streichen Sie von der Brust über den Bauch nach unten und nehmen Sie dann die Hände weg. „Kneten" Sie den Bauch sehr langsam und sehr vorsichtig und lassen Sie dann wieder los. Massieren Sie den Bauch sanft im Uhrzeigersinn. Leidet Ihr Kind an Koliken, so ist diese Übung besonders hilfreich.

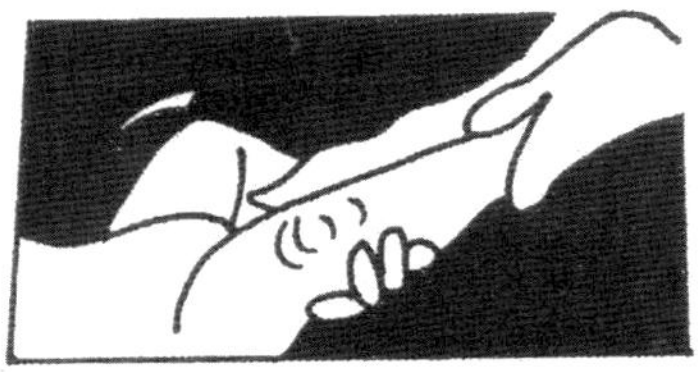

Beine
Beginnen Sie auf der Vorderseite und streichen Sie die Beine entlang abwärts. (Massieren Sie nacheinander Vorder- und Rückseite, Außen- und Innenseite). „Kneten" Sie dann das ganze Bein sanft vom Oberschenkel bis zu den Fußknöcheln; Sie können dabei ähnlich vorgehen wie bei den Armen. Vergessen Sie die Füße nicht – streichen Sie die Fußsohlen kräftig mit den Daumen aus.

Rücken
Drehen Sie das Kind auf den Bauch und streichen Sie mit der flachen Hand sanft den Rücken von oben nach unten ab.

Quelle: Frédérick Leboyer. Es gibt auch noch viele andere Bücher zum Thema Babymassage.

Es gibt keine starren Regeln für die Babymassage. Sie soll für das Kind wie auch für die Eltern etwas sein, was beide genießen. Folgen Sie also Ihrer Intuition und den Reaktionen Ihres Kindes.

ÜBUNG A2

Auch bei älteren Kindern wirkt Massage sich positiv auf die Organisation des Nervensystems aus. Die Massage sollte als angenehm empfunden werden.

Es gibt verschiedene Arten von Massage, die unterschiedliche Nervenenden stimulieren: auf der Haut, unter der Haut und in den Muskeln.

1. Tiefer, fester Druck mit Fingern oder Händen auf den ganzen Körper und die Gliedmaßen in gleichmäßigen Bewegungen.

2. Leichter Druck – es wird mit den Fingerspitzen in streichenden Bewegungen massiert.

3. Gelenkstimulation – direkte Anregung der Finger- und Handgelenke, der Ellbogen, Schultern, Knie usw. Dabei werden die Finger auf beide Seiten des Gelenks gelegt, das dann mit sehr sanften Bewegungen gedrückt und geknetet und sehr vorsichtig leicht auseinandergezogen wird.

4. Massieren mit unterschiedlichen Materialien – alles, was Ihnen einfällt – Seide, Wolle, Cord, Samt, Baumwolle usw.

5. Massieren mit einem Pinsel – den Pinsel in leichten Abwärtsstrichen über das Gesicht führen.

6. Massagegerät – wird häufig am besten angenommen und wirkt oft beruhigend auf das Kind.

Vielleicht mag Ihr Kind eine bestimmte Massage nicht oder kichert dabei die ganze Zeit.

Reagiert ein Kind übermäßig empfindlich auf Massage, so beginnen Sie mit den Bereichen, die generell weniger empfindlich sind – Arme, Hände, Schienbeine; achten Sie darauf, dass Sie in der Wuchsrichtung der Haare nach unten streichen.

Vielleicht ist es an manchen Tagen nötig, Ihr Kind während der Massage abzulenken.

ÜBUNG B - WURM

Diese Übung ist identisch mit einem der frühkindlichen Reflexe.

Der erste Schritt hin zu einer höheren motorischen Intelligenz oder Bewegungsintelligenz besteht aus einer einfachen Kette von Streckreflexen, die dem Kriechen eines Wurms ähneln und eine bedeutende Rolle für die Entwicklung der Körperspannung (des „Tonus“) spielen.

Hier die Vorgehensweise zum „Neustarten“ dieser Funktion:

Ihr Kind liegt mit dem Bauch auf dem Boden, die Arme sind zunächst über dem Kopf ausgestreckt und zeigen nach vorne wie die Spitze eines Bleistifts, dann werden die Arme rechts und links an den Körper gelegt.

Zeigen Sie Ihrem Kind, wie es sich mit schlängelnden Bewegungen (Hüftbewegungen) vorwärts-„winden" kann – wie ein Wurm; diese Bewegung ist ab einem Alter von etwa 18 Monaten möglich; es ist in Ordnung, wenn sich das Kind nur wenige Zentimeter bewegt. Sagen Sie Ihrem Kind, es solle so tun, als wäre es ein Wurm oder eine Schlange.

Übung C-a – Krokodilgang

Bewegt Ihr Kind sich im Krokodilgang (auf der Stelle), so lassen sich dabei singend Kinderreime, Lieder, die Wochentage, die Monate, Zählen und Ähnliches üben – je nach Alter des Kindes. Das wird dann eine gute Übung zum Thema „denken und sich gleichzeitig bewegen".

Dies ist eine hervorragend geeignete Übung für Körperwahrnehmung und Koordination. Ist Ihr Kind noch sehr klein, so legen Sie es auf den Bauch und bewegen Sie Arm und Bein auf der *einen* Körperseite, dann auf der anderen – machen Sie sich keine Gedanken um den Kopf des Kindes. Sind Sie zu zweit, so bewegt jede Person eine Körperseite; sind Sie zu dritt, so kann die dritte Person sich um den Kopf kümmern. Kann Ihr Kind noch nicht auf Händen und Knien krabbeln, so massieren Sie es, während es auf dem Bauch liegt, und bewegen Sie abwechselnd einen Arm und ein Bein – wenn das Kind dies zulässt.

Bringen Sie dem Kind bei, in der oben beschriebenen Position zu liegen und beide Körperseiten abwechselnd zu bewegen. Dabei bewegen sich der gebeugte Arm und das gebeugte Bein (auf derselben Körperseite) nach unten, dann dreht das Kind den Kopf zur anderen Seite und bewegt den anderen Arm und das andere Bein nach oben und in eine gebeugte Position.

Arbeiten Sie auf eine reibungslosere Koordination des Seitenwechsels hin. Führen Sie die Bewegungen so langsam wie möglich durch, denn dann erhält das Gehirn ein Maximum an Informationen – Sie sollten etwa drei Wechsel pro Minute anstreben; dies ist allerdings nicht in jedem Alter möglich. Arbeiten Sie darauf hin, dass Arm, Bein und Kopf sich gleichzeitig bewegen.

„Einseitiges“ Krokodil

ÜBUNG C-B – AUF DEM BAUCH ROBBEN

Drückt sich das Kind auf der Hand des gebeugten Arms nach unten ab und drückt es gleichzeitig mit den Zehen des Fußes auf derselben Körperseite (die Zehen sind dabei gekrümmt und stemmen sich in die Unterlage), so entsteht eine Vorwärtsbewegung.

Dieses Sichabdrücken abwechselnd auf jeder Seite führt zu einer Vorwärtsbewegung im Krokodilgang – die Bewegung sollte nicht der einer Schlange ähneln.

Achten Sie auf das Tempo, Sie sollten bei jeder Art der Vorwärtsbewegung auf etwa vier Seitenwechsel pro Minute kommen.

Achten Sie darauf, dass die Hände immer neben den Augen zu liegen kommen.

Klappt der „einseitige" Krokodilgang gut, so gehen Sie zum Krokodilgang im Überkreuzmuster über.

In der Vorwärtsbewegung strecken sich Arm und Bein, mit denen sich das Kind abdrückt. Das Kind dreht seinen Kopf, hebt Arm und Bein auf der anderen Körperseite und drückt sich mit diesen ab. Die Augen richten sich immer auf die Hand, die sich oben befindet.

Nach etwa drei bis sechs Wochen vollzieht sich der Wechsel zum Überkreuzmuster und zur Vorwärtsbewegung.

ÜBUNG D1 – ANREGEN DES GLEICHGEWICHTSSYSTEMS (IM INNENOHR)

Diese Übungen sind sehr wichtig für Gleichgewicht, Kontrolle der Augenbewegungen und für die allgemeine Anregung der Sinne. Sie sind darüber hinaus von entscheidender Bedeutung für die Hemmung der frühkindlichen Reflexe.

Jede Aktivierung, die die Flüssigkeit im Mittelohr in Bewegung versetzt, regt das Gleichgewichtssystem an. Variieren Sie die Übungen – machen Sie zum Beispiel einige Tage lang eine bestimmte Übung, dann eine andere; lassen Sie sich dabei von der Zeit leiten, die Sie für jede Übung brauchen – vertrauen Sie Ihrem eigenen Urteilsvermögen.

Im Folgenden finden Sie einige Vorschläge für Übungen, die das Gleichgewichtssystem stimulieren.

Sich mit einem Stuhl hin- und herdrehen:
– langsam
– bis zu 30 Sekunden in jede Richtung

ÜBUNG D1 - SCHAUKELN

Von einer Seite zur anderen zu schaukeln macht den Kleinen viel Spaß, vor allem wenn sie dabei auf Mamas oder Papas Bauch liegen dürfen.

Schaukeln kann man auch auf großen Bällen (Gymnastikbällen), in Röhren, auf oder in Decken und Teppichen usw.

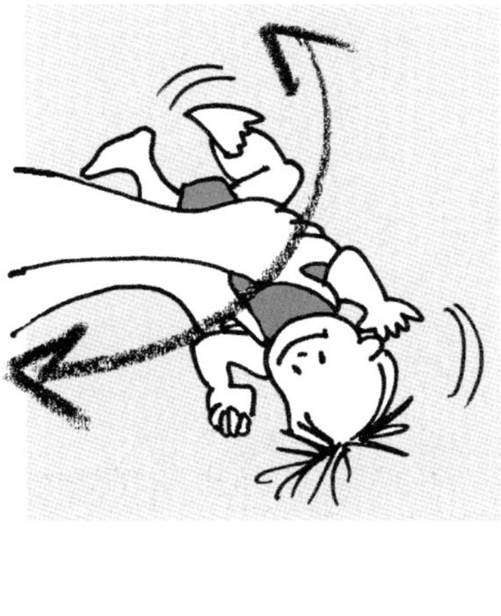

Lassen Sie Ihr Kind auf Ihren Knien sitzen und spielerisch vorsichtig hintenüber kippen (das Kind sitzt aufrecht, Sie halten es an der Hüfte).

Oder schaukeln Sie Ihr Kind vor und zurück, von einer Seite zur anderen, auf und ab und drehen Sie es auch einmal auf den Kopf.

ÜBUNG D2 – Rollen

Das Kind rollt sich am Boden, der Körper wird dabei ganz gerade gehalten, die Hände sind über dem Kopf ausgestreckt und aneinander gelegt wie die Spitze eines Stiftes.

Die Füße sollten zusammengehalten werden. Die Übung kann auf einer Schräge, auf dem Boden oder auf einem großen Bett gemacht werden.

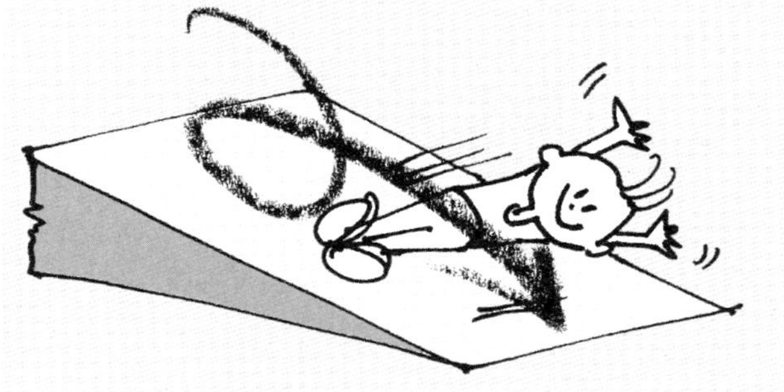

Beim „Rollen wie ein Baumstamm" liegen die Arme seitlich am Körper.

Beherrscht Ihr Kind die Übung gut, so fügen Sie eine weitere Herausforderung hinzu, indem Sie das Kind auffordern, laut zu rufen, was es während des Rollens im Raum erkennen kann.

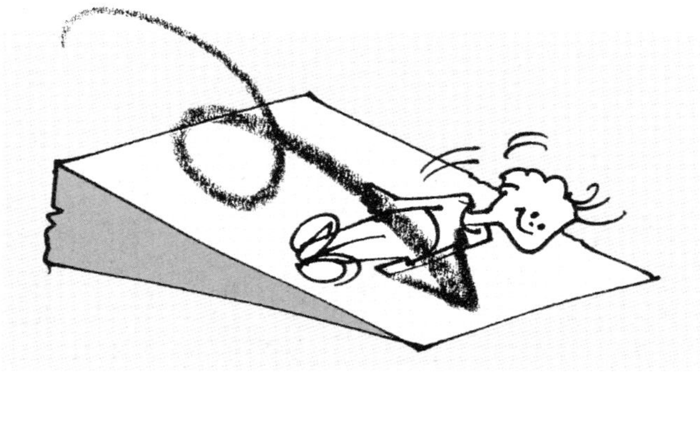

ÜBUNG D3 – PURZELBÄUME

Purzelbäume – frei oder mit Hilfestellung. Ein einfacher Purzelbaum vorwärts (eine einfache Rolle) geht folgendermaßen:

1. … Hände flach auf den Boden, Arme gebeugt, Kopf nach unten,
2. … Kinn auf die Brust, Gesäß hoch, und
3. … schon haben wir den Purzelbaum!

Kopf gut einziehen!

ÜBUNG D4 - FROSCHHÜPFEN

Kann Ihr Kind bereits hüpfen, so ist Froschhüpfen eine hervorragende Übung.

Das Kind geht halb in die Hocke, die Füße sind auseinander gestellt, mit den Händen stützt es sich auf dem Boden unmittelbar unterhalb der Schultern ab.

Dann springt das Kind auf und wirft dabei die Arme hoch in die Luft: Sobald es wieder auf seinen Füßen gelandet ist, nimmt es wieder die Ausgangsposition ein (siehe oben), usw.

ÜBUNG D5 – HÄSCHEN HÜPF!

„Häschen hüpf!“ ist eine weitere sehr beliebte Übung.

Das Kind geht in die Hocke und stützt die Hände an der Außenseite der Knie auf die Unterlage.

Dann greift es mit seinen Händen so weit wie möglich nach vorne und sagt dabei „Hände“.

Dann springt es mit fest geschlossenen Füßen den Händen nach und sagt dabei „Füße“ – und immer so weiter.

ÜBUNG D6 – AUF DEM KOPF STEHEN

Auf dem Kopf stehen – dafür gibt es viele Möglichkeiten, das Kind kann seinen Kopf sogar einfach nur über die Bettkante nach unten hängen lassen; dieses Spiel lässt sich auch auf der Couch spielen.

Halten Sie Ihr Kind in einem Handstand, so achten Sie darauf, dass die Hände Ihres Kindes flach auf dem Boden liegen und dass ihre Auflagepunkte zusammen mit dem des Kopfes (der ebenfalls am Boden aufliegt) ein Dreieck bilden; so können die Hände einen Teil des Gewichts tragen. Das Gewicht des Kindes darf auf keinen Fall nur oder hauptsächlich auf dem Kopf liegen! Achten Sie auch darauf, dass Sie das Kind sanft über den Rücken abrollen lassen.

ÜBUNG D7 – SCHUBKARRE

Zu Beginn der Übung liegt Ihr Kind mit seinem Bauch auf dem Fußboden.

Fassen Sie Ihr Kind etwas unterhalb der Taille und heben Sie es an; die Hände des Kindes bleiben dabei fest auf dem Boden. Ermuntern Sie Ihr Kind, sein Gewicht auf seine Hände zu verlagern und auf seinen Händen zu „laufen".

Bei Kindern, die bereits etwas älter als zwei Jahre sind, kann man die Beine nach und nach immer weiter unten fassen und halten, also erst an den Oberschenkeln, dann an den Knien und schließlich an den Füßen.

Können die Arme Ihres Kindes sein Gewicht nicht tragen und knicken ein, dann deshalb, weil Sie es zu weit unten am Körper halten und somit zu wenig Unterstützung geben.

ÜBUNG D8 - SCHWINGEN ODER DREHEN

Drehen Sie Ihr Kind, so sollten Sie es langsam tun (etwa zwei Umdrehungen pro Minute); oder das Kind kann sich selbst so schnell drehen, wie es ihm angenehm ist.

Ein alter Autoreifen, der mit einem Seil an einem Balken oder einem Baum befestigt wird, eignet sich ideal zum Schwingen und Drehen.

Sie können auch die beiden Enden einer Hängematte zusammenbinden und diese an einem Balken oder einem Baum befestigen.

Ein Kind lässt sich in der Regel gerne fünf- bis zehnmal in einem Reifen oder einer Hängematte im Kreis drehen, wenn dies langsam und rhythmisch geschieht. Achten Sie darauf, dass die Belastungsgrenze Ihres Kindes nicht überschritten wird!

ÜBUNG D9 – DREHEN

Liegt ein Kind bäuchlings auf einem Brett mit vier bewegliche Rollen an der Unterseite, so sind die Bogengänge des Innenohrs in der optimalen Position, um angeregt zu werden, und das Kind hat darüber hinaus einen Riesenspaß daran, sich mit dem Brett zu drehen. Achten Sie darauf, dass Ihr Kind die Beine gerade ausgestreckt hält, denn dadurch wird die Muskelspannung aufgebaut.

Viele Kinder machen auch eine Phase durch, in der sie sich aufrecht stehend um sich selbst drehen.

Achten Sie darauf, dass die Hände nicht in die Nähe der vorderen Rollen kommen!

ÜBUNG D10 – AN DEN HÄNDEN HÄNGEND SCHWINGEN UND SCHAUKELN

Schaukeln kann man auf einer Schaukel oder indem man sich mit den Händen an eine Trapezstange hängt (leicht selbst zu basteln – aus einer stabilen Holzstange und einem Seil). Achten Sie darauf, dass die *Daumen* Ihres Kindes *unter* der Stange greifen, die *Finger* von *oben*.

Kann das Kind die Beine so weit anheben, dass es einen Ball trifft, den Sie halten?

Manche Kinder können auch die Füße nach oben bringen und dann an Händen und Knien mit dem Kopf nach unten hängen. Diese Position eignet sich hervorragend zur Stimulation des Gleichgewichtssystems.

ÜBUNG E1 – ENGEL IM SAND
2,5 JAHRE UND ÄLTER

Das Kind liegt auf dem Rücken, Beine und Füße sind geschlossen, die Arme liegen seitlich des Körpers. Fordern Sie das Kind auf, seine Arme nach oben über den Kopf zu bewegen (die Arme schleifen dabei über den Boden und treffen sich an einer Stelle über dem Kopf) und als Nächstes die Beine zu spreizen; dann werden die Arme wieder nach unten geführt und die Beine geschlossen.

Dann wird erst *ein* Arm, dann *ein* Bein derselben Körperseite auf- und abbewegt, danach die andere Seite. Zum Schluss werden Arm und Bein jeweils einer Seite gleichzeitig bewegt (koordiniert).

Übung E2 – Engel im Sand

Beherrscht Ihr Kind die Übung so, wie sie in E1 beschrieben wurde, so können Sie zum Überkreuzmuster übergehen. Das Kind bewegt dann zum Beispiel den linken Arm und das rechte Bein zur gleichen Zeit.

Bei dem Bemühen, den richtigen Körperteil zu bewegen, ist es für manche Kinder hilfreich, wenn Sie das jeweilige Bein oder den Arm leicht berühren.

Beherrscht Ihr Kind diese Übung, so variieren Sie Ihre „Kommandos".

Fügen Sie die Bezeichnungen „rechts" und „links" hinzu, wenn Ihr Kind diesen Unterschied bereits kennt.

Ziel ist, dass das Kind sofort auf das Kommando reagiert. Reagiert es langsam, so achten Sie darauf, dass das Kind sich erst bewegt, nachdem das Kommando gegeben wurde.

Übung F1-3 – Sehübungen

1. Das Kind sitzt in aufrechter Position, ein Auge wird abgedeckt. Mit dem anderen Auge folgt es einem Gegenstand, der von einem Elternteil zuerst im Abstand einer Ellbogenlänge, dann auf Faustlänge vom Augen entfernt von rechts nach links bewegt wird. Die Übung wird mit dem anderen Auge wiederholt.

2. Wie oben; das Kind hat jedoch kein Auge abgedeckt, sondern folgt dem Gegenstand mit *beiden* Augen.

Achten Sie darauf, dass das Kind den Kopf nicht mitbewegt. Dies ist eine Übung nur für die *Augen*.

3. Wie oben, der Gegenstand wird jedoch vom Kind selbst etwa eine halbe Minute lang vor jedes Auge gehalten, dann vor beide Augen.

ÜBUNG F4 – SEHÜBUNGEN

„Hängender Ball“ ist eine Seh- und eine Überkreuzübung und unterstützt das Zusammenspiel von Augen und Händen, Schultern, Beinen und Füßen; sie fördert außerdem Flexibilität, Beweglichkeit und Kontrolle der einzelnen Körperteile.

Die im Folgenden beschriebenen Übungen erfordern homolaterale (einseitige) wie auch bilaterale (beidseitige) Koordination, das Verfolgen eines Gegenstands mit den Augen und räumliche Wahrnehmung.

Hängen Sie einen Ball in Kinnhöhe an einer Schnur vor Ihrem Kind auf und lassen Sie es die folgenden Übungen machen:

Achten Sie darauf, dass das Kind den Kopf nicht mitbewegt. Dies ist eine Übung nur für die *Augen*.

ÜBUNG F5 - SEHÜBUNGEN

Das Kind soll versuchen, mit beiden Händen abwechselnd den Ball zu treffen; dabei soll es den ganzen Arm benutzen und den Rumpf drehen. Damit es das Gleichgewicht halten kann, bleiben die Füße fest auf dem Boden.

Stellen Sie fest, ob das Kind andere Dinge in seiner Umgebung benennen kann, während es gleichzeitig weiter nach vorne schaut.

Ist das Kind alt genug, so kann es laut aussprechen, ob es den Ball mit der linken oder der rechten Hand zu treffen versucht und ob der Ball sich von ihm weg oder auf es zu bewegt usw.

Benutzen Sie einen „schwingenden Ball" als Ziel – achten Sie immer darauf, dass das Kind den Kopf still hält und nach vorne schaut.

Dies ist eine *Augenübung*.

Es macht Spaß, dem Ball im Dunkeln mit einer Taschenlampe zu folgen.

ÜBUNG F6 – SEHÜBUNGEN

Das Kind schlägt den Ball mit einer Hand und hebt gleichzeitig das Knie auf derselben Körperseite – homolaterale (einseitige) Bewegung.

Das Kind schlägt den Ball mit einer Hand und hebt gleichzeitig das Knie auf der anderen Körperseite – Überkreuzbewegung.

Das Kind schlägt einen tiefer gehängten Ball mit Händen, Knien oder einem Fuß … Tritt das Kind den Ball mit dem Knie (oder dem Fuß), so soll es gleichzeitig die Hand auf derselben Körperseite nach oben (oder unten) ausstrecken; anschließend wird die Hand auf der gegenüberliegenden Körperseite nach oben (oder unten) ausgestreckt.

Versuchen Sie die Übung in einem gleichmäßigen Rhythmus durchzuführen.

ÜBUNG 6 – ANSCHLEICHEN WIE EIN TIGER

1. Das Kind beginnt die Übung auf Händen und Knien, die Hände schulterbreit auseinander.

2. Es hebt seinen linken Arm und sein rechtes Knie gleichzeitig und bewegt sich vorwärts wie ein Tiger beim Anschleichen.

3. Linke Hand und rechtes Knie gehen gleichzeitig nach vorne. Das rechte Knie landet unmittelbar hinter der rechten Hand, der rechte Fuß wird dabei über den Boden geschleift.

Die Bewegungen werden ständig wiederholt – rechte Hand und linkes Bein, dann linke Hand und rechtes Bein… Der Kopf bildet mit dem Körper eine Linie und bewegt sich jeweils in Richtung der Hand, die gerade nach vorne kommt.

Die Kopfbewegung sollte erst dann verlangt werden, wenn das Kind das Überkreuzmuster beherrscht.

4. Jetzt gehen rechte Hand und linkes Knie gleichzeitig nach vorne, das linke Knie landet unmittelbar hinter der linken Hand auf dem Boden. Knie und Hand kommen gleichzeitig wieder auf den Boden. Der linke Fuß wird dabei nachgezogen.

5. Die Knie sollten sich parallel zueinander vorwärts bewegen, damit das Knie genau hinter der Hand den Boden wieder berührt.

Übung H – Krabbeln vorwärts gegen Widerstand

Das Kind beginnt die Übung auf Händen und Knien und schiebt sich im Überkreuzmuster vorwärts; der Kopf wird aufrecht gehalten; es sollte auf eine rhythmische Bewegung geachtet werden.

In dem Moment, in dem das Kind mit der rechten Hand und dem linken Knie den ersten Schritt vorwärts macht, geben Sie das Kommando: „(Fest gegen meine Hand) drücken"; auch hier muss das Knie des Kindes unmittelbar hinter der linken Hand den Boden wieder berühren und sich gleichzeitig mit der rechten Hand bzw. dem rechten Arm bewegen.

Diese Übung entwickelt die Muskelspannung, die Fähigkeit sich zu bewegen und gleichzeitig zu denken, das Sehen und die Aufmerksamkeitsspanne.

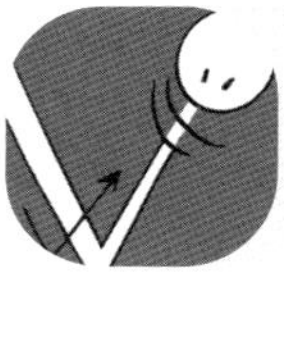

Arbeiten Sie auf eine gleichmäßige, rhythmische Bewegung hin und steigern Sie die Herausforderung noch durch Kommandos wie:

„Kopf hoch! Schau auf meine Nase!"
„Fest drücken!" usw.

Eine Variante dieser Übung sieht vor, das Kind leicht bei den Fußgelenken festzuhalten.

Übung H – Krabbeln rückwärts gegen Widerstand

Knien Sie hinter Ihrem Kind und legen Sie Ihre Hände auf das Gesäß des Kindes; das Kind versucht nun, gegen Ihren Widerstand rückwärts auf Sie zu zu krabbeln.

Sie können Ihre Hände auch auf die Fußsohlen des Kindes legen und dort Widerstand gegen seine Bewegung ausüben.

Geben Sie dem Kind folgende Anweisungen:

Achten Sie darauf, dass das Kind mit seinem Fuß am Boden entlangdrückt, dass es seinen Kopf aufrecht hält und dabei einen Gegenstand anschaut.
Machen Sie langsam!

„Dieses Mal möchte ich, dass du auf Händen und Knien rückwärts krabbelst … drück mich mit deinen Füßen zurück! Du beginnst, wenn ich sage: ‚Drücken!' Wir beginnen mit *diesem* Fuß – tippen Sie mehrmals den Fuß an, mit dem begonnen werden soll – fertig?"

Üben Sie einen kurzen, festen Druck gegen die Ferse des Fußes aus, mit dem begonnen wird.

ÜBUNG 11 – GEHEN – ÜBERKREUZMUSTER

Beim Überkreuzgehen schwingt das Kind den rechten Arm nach vorne und macht gleichzeitig mit dem linken Bein einen Schritt vorwärts; ebenso schwingt der linke Arm nach vorne, wenn es mit dem rechten Bein einen Schritt vorwärts macht.

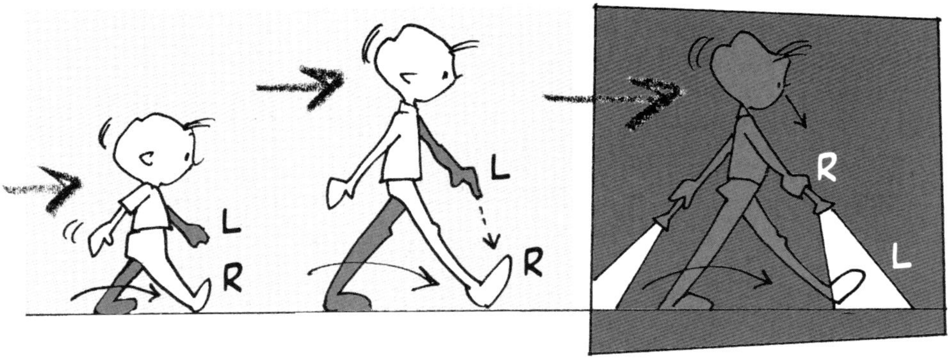

Kinder im Schulalter sollten mit dem Zeigefinger ihrer rechten Hand auf ihren linken Fuß zeigen, während der rechte Arm nach vorne schwingt und der linke Fuß einen Schritt vorwärts macht.

Geht der rechte Fuß vorwärts, so zeigen sie mit dem linken Zeigefinger auf den rechten Fuß.

Diese Übung macht auch nachts viel Spaß, wenn das Kind mit einer Taschenlampe in jeder Hand auf den jeweiligen Fuß zeigt.

Übung 12 – Marschieren im Überkreuzmuster

Das Marschieren ähnelt dem Gehen, die Bewegungen sind jedoch stärker ausgeprägt: Die Knie werden angehoben, die Arme schwingen im rechten Winkel zum Körper aufwärts.

Sie können bei dieser Übung viel Spaß haben, wenn Sie dabei Marschmusik spielen.

Übung J – Kniebeugen"

Rhythmisches „In-die–Knie-Gehen" ist bei Kleinkindern ein ganz natürlicher Bewegungsablauf, sie tun dies ständig, wenn sie tanzen, sich bücken, um etwas aufzuheben, oder einfach beim Spielen. Zu Musik haben sie besonders viel Spaß an dieser Bewegung.

Leitern hinaufsteigen unterstützt die Bewegung des Beugens und Streckens der Knie und Beine.

ÜBUNG K1 – TRAMPOLIN

1. Beim Hüpfen auf dem Trampolin werden die Hände in die Hüften gestemmt, die Beine werden einmal gespreizt und beim nächsten Sprung wieder zusammengeführt. (10 Mal)

*Das Kind sollte versuchen, bei jedem Sprung **eine** Bewegung auszuführen, im Rhythmus des Springens.*

2. Nun werden beim ersten Sprung Arme und Beine gleichzeitig gespreizt, beim nächsten Sprung wieder zusammengeführt. (10 Mal)

Steht kein Trampolin zur Verfügung, so können die Bewegungen auch auf dem Fußboden ausgeführt werden.
Hat Ihr Kind auf dem Trampolin Schwierigkeiten mit diesen Bewegungen, so üben Sie diese zunächst auf dem Fußboden.

Wichtiger Hinweis: Entfernen Sie bei den üblichen Sport-Trampolinen jede zweite Feder – sie sind für Erwachsene konstruiert!

Übung K2 – Trampolin

3 A. Beim Sprung werden Arm und Bein auf jeweils einer Körperseite zur Seite hin abgespreizt, beim nächsten Sprung auf der anderen Körperseite. (5 Mal)

3 B. Beim Sprung werden Arm und Bein auf einer Körperseite nach vorn ausgestreckt, beim nächsten Sprung auf der anderen Körperseite. (5 Mal)

3C. Beim Sprung werden Arm und Bein auf einer Körperseite nach vorn ausgestreckt, beim nächsten Sprung werden sie nach hinten gestreckt. (5 Mal) Probieren Sie mit Ihrem Kind verschiedene Kombinationen aus.

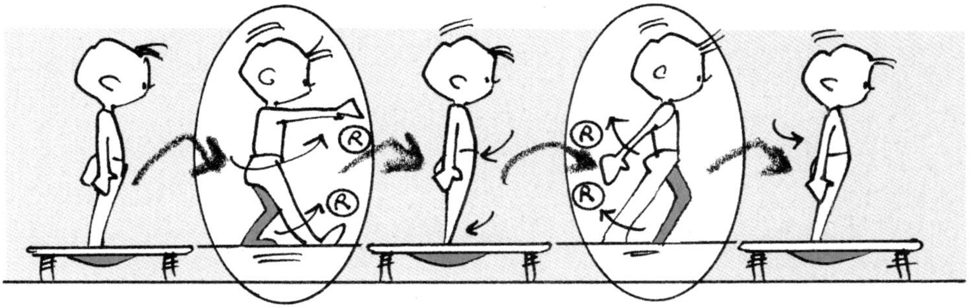

ÜBUNG K3 – TRAMPOLIN

Lassen Sie Ihr Kind Überkreuzmuster ausprobieren, zum Beispiel so:

4A. Linkes Bein und rechter Arm nach außen beim ersten Sprung, dann beide wieder zurück beim zweiten Sprung. (5 Mal) Dann …

4B. … linker Arm und rechtes Bein beim ersten Sprung nach außen, dann beide wieder zurück beim zweiten Sprung. (5 Mal)

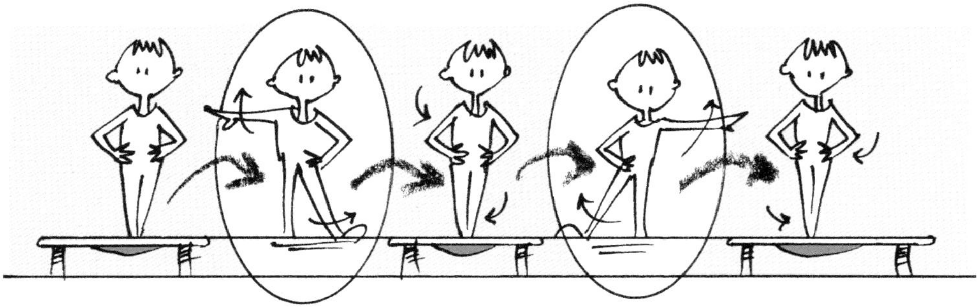

4C. Linker Arm und rechtes Bein gehen bei einem Sprung nach vorn (5 Mal), dann …

4D. … gehen beim nächsten Sprung rechter Arm und linkes Bein nach vorn (5 Mal).

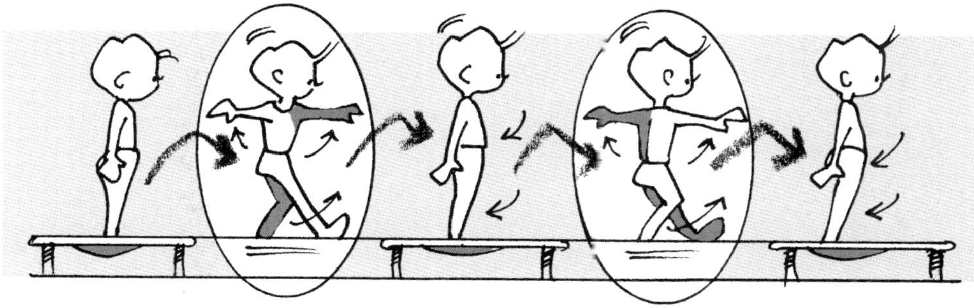

4E. Lassen Sie das Kind die beschriebenen Bewegungen abwechselnd ausführen. Unterbrechen Sie, sobald Ihr Kind Schwierigkeiten hat, und variieren (vereinfachen) Sie die Übungen.

ÜBUNG L – WÖRTER ERKENNEN

Ich bin froh, wenn Kinder mit Lernproblemen schon im Alter von 7 oder 8 zu mir in die Praxis kommen – ich arbeite an ihrer neurologischen Entwicklung und an den Fertigkeiten der rechten Hemisphäre; damit lassen sich in der Regel bemerkenswerte Veränderungen erzielen!

Lesen beginnt damit, dass man das ganze Wort erkennt (mit der rechten Gehirnhälfte). Dies hat die Forschung festgestellt und die Arbeit mit kleinen Kindern bestätigt es. Andere Auffassungen dazu brauchen uns nicht zu interessieren: Dies ist die Realität!

Kleine Kinder lernen gern – wer in der Familie lernt als Erster die fremde Sprache, wenn wir ins Ausland gehen?

Spielen Sie mit Ihrem Kind Wortsuchspiele mit Bildkarten und einem Stapel mit umgedrehten Wortkärtchen oder Spiele, in denen Paare gleicher Wörter gefunden werden müssen, ähnlich wie Memory. Denken Sie daran: Es sollte Spaß machen! Wenn es das nicht tut, vergessen Sie diese Art von Spiel für den Augenblick!

Ein paar Tipps:
Schreiben Sie die Wörter in kleinen Druckbuchstaben, außer den Anfangsbuchstaben von Substantiven oder Namen.
Beziehen Sie Wörter mit ein, die die Kinder kennen, weil sie sie jeden Tag benutzen, um tägliche Handlungen zu bezeichnen.
Beziehen Sie auch Wörter mit ein, die eine ganze Reihe gleichartiger Dinge bezeichnen, wie zum Beispiel die Namen verschiedener Obstsorten, verschiedener Farben, verschiedener Haustiere usw.
Benutzen Sie die Wörter, die Sie bereits ausgetauscht haben, und bilden Sie damit Sätze oder Redewendungen.

In gleicher Weise können Kinder Wörter erkennen lernen, die in drei bis vier Zentimeter großen Druckbuchstaben auf große weiße Karten geschrieben und ihnen ganz kurz gezeigt werden.

Fügen Sie jeden Tag eine Karte mit einem dem Kind bekannten Wort hinzu, bis Sie sieben Karten haben. Dann tauschen Sie jeden Tag eine der bekannten Karten gegen eine Karte mit einem neuen Wort aus.

Genauso wie kleine Kinder sprechen lernen, nämlich durch täglichen, gewohnheitsmäßigen Kontakt mit der Sprache, so lernen sie auch die Wörter erkennen.

Mama	umarmt	Banane
Katze	isst	Apfel
Anna	lacht	Orange

Mama	umarmt	Banane
Katze	isst	Apfel
Anna	lacht	Orange

Anna lacht

umarmt Katze

Mama umarmt Anna

Anna umarmt Katze

Für ältere Kinder von ungefähr acht Jahren, die bereits lesen lernen, gibt es ebenfalls Möglichkeiten über die rechte Hemisphäre zu lernen, ohne das Gewirr der Laute.

Suchen Sie dafür zunächst eine kurze Geschichte aus, die dem Alter Ihres Kindes angemessen ist und die pro hundert Wörter höchstens zehn schwierige oder neue Wörter enthält.

Das Kind lernt über die folgenden fünf Schritte:

hinschauen – zuhören – sich vorstellen – abdecken – aussprechen.

Die Geschichte wird zuerst von einem Erwachsenen gelesen, dann vom Kind (mit geflüsterter Unterstützung, wenn nötig).

Zur Förderung der Vorstellungskraft (Visualisierung) – auf die jeder Leser zugreift, um schnell lesen zu können – wird empfohlen, alle Wörter der Zeile (mit einem Stück Papier oder Pappe) abzudecken, bis auf die, die jeweils gerade gelesen werden.

Dies bewirkt eine deutliche Verbesserung des Leseflusses und damit des Leseverständnisses.

Der Erfolg dieser Technik hängt jedoch auch vom neurologischen Entwicklungsstand des Kindes ab.

Übung M – Buchstaben formen

*Diese Vorgehensweise versetzt immer wieder **die** Kinder in Erstaunen, die glauben, dass sie nicht buchstabieren können! Plötzlich können sie es doch – wow!*

Probieren Sie die Methode selbst aus. Sie sollten eine große Wandtafel zur Verfügung haben.

Die „alte Methode", bei der das Kind an der Tafel steht und Buchstaben oder ganze Wörter nachfährt, die sechs Zentimeter groß geschrieben sind, hat einiges für sich.

Mit unterschiedlichen Farben und Pfeilen zum Markieren der Stelle, an der begonnen wird, fahren Kinder unter Einsatz ihres ganzen Armes ein Wort an der Tafel nach. Dann wenden sie der Tafel den Rücken zu und schreiben das Wort zunächst in die Luft (Visualisieren), anschließend an die Tafel – diese Methode funktioniert auch bei vielen Schulkindern hervorragend.

Ist das Kind in der Schule weit genug fortgeschritten, so schreiben Sie die Wörter in Schreibschrift. Dies ist einfacher und fördert den Schreibfluss mehr als die Druckschrift.

Ich selbst wende diese Methode gerne in meinen Therapiesitzungen mit Kindern an.

Zusammenfassung

* Es ist durchaus möglich, dass die in diesem Kapitel vorgestellten Programme ausreichen, um Ihrem Kind zu mehr schulischem Erfolg zu verhelfen. Auf jeden Fall lohnt sich der Versuch, sie für eine Weile regelmäßig durchzuführen, bevor man sich entschließt, einen Spezialisten aufzusuchen.

* Die hier vorgestellten Programme arbeiten mit sehr grundlegenden Übungen. Ich selbst habe mit derartigen Verfahrensweisen Hunderten von Kindern helfen können. Vielleicht ist die Tatsache, dass sie so grundlegend sind, auch der Grund für ihren Erfolg.

* Weigert sich Ihr Kind gerade heraus, bestimmte Übungen zu machen, so lassen Sie diese einfach aus; machen Sie grundsätzlich nur die Übungen, die Ihr Kind akzeptiert. Diese Übungsprogramme bedeuten harte Arbeit, aber es lohnt sich. In der Regel sollten sie zweimal täglich durchgeführt werden. Ist Ihr Kind dazu bereit, können Sie die Übungen zu einem Teil des täglichen Tagesablaufes machen.

* Ernähren Sie Ihre Kinder mit möglichst naturbelassenen Lebensmitteln, die Sie frisch zubereiten; dies verschafft den Kindern, die die hier vorgestellten Übungen benötigen, eine bessere Ausgangsposition. Alle Geschwister können das Programm natürlich mitmachen, denn, was gut ist, kann nur noch besser werden, und was bereits besser ist, kann hervorragend werden!

* Das Programm ist einfach; vielleicht wurde es deshalb lange Zeit nicht zur Kenntnis genommen. Es baut jedoch auf den Grundlagen der Neurologie und der kindlichen Entwicklung auf.

* Lernen die Kinder parallel dazu mit dem Computer, ist dies sicher eine gute Kombination.

6 Hilfe, ich habe das System zum Absturz gebracht!

Einstellungen werden uns nicht beigebracht, sondern wir übernehmen sie, wir fangen sie uns sozusagen ein.

(Wortspiel im Englischen:
Attitudes are not taught, they are caught.)

Warum ist mein Kind so schwierig?

Ist es meine Schuld?

Dies ist eine Frage, die von Eltern „schwieriger" Kinder häufig gestellt wird. In der Regel trifft jedoch Eltern und Bezugspersonen keine Schuld; für das Kind ist sein Verhalten vielmehr meist die einzige Möglichkeit, um Hilfe zu rufen.

Anna und Jan, drei Jahre alt, waren davon überzeugt, dass alle Menschen doppelt sehen. Vielleicht ermüdeten diese Kinder schneller als ihre Altersgenossen oder ihre Augen lieferten ihnen zwei unterschiedliche Bilder oder sie hatten einen übermäßig stark ausgeprägten Geruchssinn.

Kinder bekommen aus vielen Gründen Wutanfälle oder werden aufsässig, zum Beispiel weil sie körperlich nicht in der Lage sind etwas zu tun, was ihre Altersgenossen bereits können; oder aber sie sind irgendwie frustriert, weil sie auf ein bestimmtes Lebensmittel oder auf eine chemische Substanz in einem Lebensmittel allergisch reagieren; oder ihr Gehör ist so scharf, dass ihnen die Ohren weh tun (siehe Kap. 2).

Erst wenn derartige Gründe ausgeschlossen werden können, sollte in Erwägung gezogen werden, ob das Kind vielleicht zu sehr verwöhnt wurde oder ob seine Bezugspersonen nicht in der Lage waren, klare Regeln durchzusetzen (siehe Kap. 8).

Kinder durchlaufen unterschiedliche Entwicklungsphasen und haben oft selbst damit zu kämpfen, wie sie damit zurechtkommen sollen; dabei durchläuft ihr Verhalten abwechselnd unterschiedliche Phasen zwischen „brav“ und „ruppig“. Das ist normal.

Kinder haben Rechte, aber auch Eltern haben sie! Kinder sollten keiner Form von Missbrauch ausgesetzt sein, aber auch den Eltern sollten derartige Erfahrungen erspart bleiben.

Die wichtigsten intellektuellen Fähigkeiten wurzeln in den emotionalen Erfahrungen der frühesten Kindheit.

Seien Sie froh und glücklich.

Einstellungen werden uns nicht beigebracht, sondern wir übernehmen sie, wir fangen sie uns sozusagen ein.

Seien Sie liebevoll, aber konsequent. Das Kleinkindalter ist die Zeit, in der die „Pubertätsbombe“ entschärft werden kann, bevor sie zur Explosion kommt.

Es gibt viele Empfehlungen von Spezialisten dazu, wie man sich seinem Kind gegenüber verhalten soll. Entscheiden Sie sich für eine, von der Sie glauben, dass sie in Ihrer Familie funktionieren wird, und bleiben Sie dabei.

Für Eltern, die arbeiten und deren Kinder sich in dieser Zeit in der Obhut anderer befinden, ist die Versuchung groß, das Kind zu Hause gewähren zu lassen. Seien Sie auf der Hut; Ihr Kind wird die Situation schnell zu seinem Vorteil ausnutzen.

Viele Kinder verhalten sich ganz ordentlich – bis ihre Eltern nach Hause kommen: Dann bricht die Hölle los!

Vor allem bei älteren Kindern, bei denen das problematische, auffällige Verhalten bereits zur Lebensgewohnheit oder gar zur Lebenseinstellung geworden ist, kann eine Art Verhaltenstherapie (im Rahmen von Erziehungsberatung) notwendig werden.

Es gibt viele mögliche Gründe, warum ein Kind „schwierig" geworden ist, und bei manchen Kindern hilft keine noch so ausgefeilte Technik der Verhaltensänderung.

Lehrer können eine große Hilfe sein, sie können Veränderungen bei ihren Schülern sehr gut erkennen und positive Bemerkungen dazu machen.
(Siehe Kap. 9, die Geschichte von Sam.)

Das Verhalten mancher Kinder ist selbst in einem idealen Umfeld, mit vorbildlichen Eltern und anderen Bezugspersonen, einfach nur schrecklich. Dies kann enormen Stress für die Eltern bedeuten.

Die meisten dieser Eltern fühlen sich hilflos und schuldig.

Dieses negative Selbstbild ist jedoch äußerst kontraproduktiv. Es hindert sie häufig daran, Hilfe von außen zu suchen, da sie sich bereits deprimiert und schuldig fühlen; dies ist aber nicht gerade ein Erfolgsrezept – weder für die Eltern noch für ihre Kinder.

Zwanghaft aggressives Verhalten von Kindern kann sowohl in der Familie wie auch in der Schule zu ernsten Brüchen führen. Verhaltensprobleme sollten vor dem Hintergrund der Entwicklung des Kindes von seiner Geburt an untersucht werden, unter Einbeziehung von Ernährung und Gesundheitszustand. In der Regel trifft weder das Kind noch die Eltern eine „Schuld". Schlaflose Nächte und Stress bei Tag machen die Eltern gereizt und nervös; das verursacht noch mehr Ärger („Krach") in der Familie, die dann häufig sogar daran zerbricht.

Es gibt viele Stellen, bei denen man Hilfe suchen kann (vgl. Kap. 4); diese Unterstützung sollte sich nicht nur an die Eltern richten, sondern auch die Entwicklung des Kindes im Blick haben!

Autismus oder autistisches Syndrom

Aktuelle Forschungen haben eindeutig festgestellt, dass eine Verbindung zwischen Milch und Störungen von Gehirnfunktionen besteht, vor allem bei „Autismus" und „Schizophrenie".

Viele Erwachsene leiden in geringem Maß an einigen dieser Fehlfunktionen der Wahrnehmung (die auch bei Autismus auftreten) und überleben dennoch.

Autistische Kinder sind häufig hochintelligent. (Siehe auch Kap. 9, die Geschichten von James und Paul.)

Erhalten Eltern die Auskunft, dass das Verhalten ihres Kind in das autistische Spektrum falle, so löst dies in der Regel große Ängste aus, denn Autismus gilt als schweres Leiden, für das bisher keine Therapie bekannt ist.

Das ist nicht richtig.

Bei wirklich autistischen Kindern funktionieren alle fünf Sinne nicht richtig; diese Kinder können in der Welt keinen Sinn entdecken, sie liegen deshalb häufig am Boden und starren ins Leere.

Was als „Autismus" empfunden wird, ist ein falsch verstandenes Problem, mit dem viele Menschen in der Gesellschaft in unterschiedlichem Ausmaß zu kämpfen haben und das sich lösen lässt!

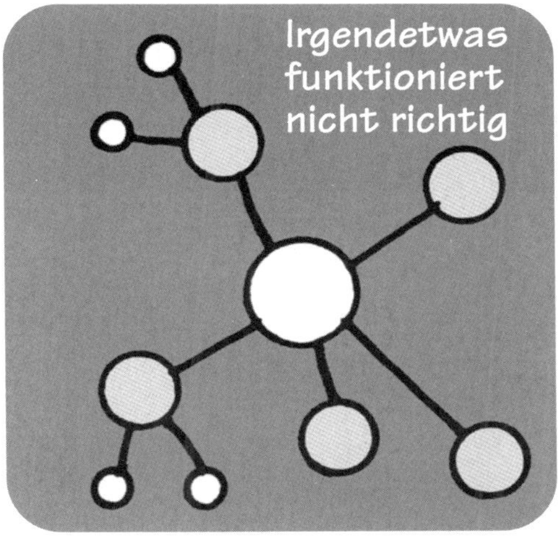

Die meisten sogenannten „Autisten“ sind hochintelligente Kinder. Sie zeigen Abweichungen (ein Zuwenig oder Zuviel) beim Hören, beim Sehen, beim Tastsinn, Geschmackssinn oder sogar beim Geruchssinn.
Dies beeinträchtigt ihr Verhalten, denn ihre Wahrnehmung ihrer selbst und der Welt ist oft bestenfalls verwirrend und schlimmstenfalls bedrohlich.
In ernsten Fällen führt dies zu bizarren Verhaltensweisen und wird mit dem Begriff „schwere sensorische Dysfunktionen“ bezeichnet.

Unvollständige Sinnesinformationen können zu unerwarteten Ergebnissen führen; so können etwa Berührung und Lärm Schmerzen verursachen und sogar fluoreszierendes Licht kann als Stress empfunden werden. Dies kann die emotionale Interaktion mit anderen Menschen beeinträchtigen.

Die Chancen des „Überlebens“ sind davon abhängig, wie viele Fehlfunktionen oder Störungen der Sinneswahrnehmung („sensorische Dysfunktionen“) vorliegen und wie stark sie ausgeprägt sind.

Bei Kindern, die die kritischen Jahre des Wachstums des Nervensystems (also von Geburt bis drei Jahre) bereits hinter sich gelassen haben, werden die von den Beeinträchtigungen ihrer Sinneswahrnehmung verursachten Verhaltensweisen oft zu Gewohnheiten, um nicht zu sagen: zu Persönlichkeitsmerkmalen.

Dennoch ist eine Besserung der „Symptome“ für Kinder jeden Alters durchaus im Bereich des Möglichen; die Chance der vollständigen Gesundung ist allerdings umso größer, je früher man die Probleme erkennt und entsprechende Maßnahmen ergreift.

Eine schwere „sensorische Dysfunktion“ wie Autismus ist eine Störung der Gehirntätigkeit und hat nichts mit der Erziehung zu tun. Beobachtet man das zwanghafte Verhalten dieser Kinder sehr genau, so lassen sich daraus bereits Hinweise auf die Bereiche finden, in denen die Fehlfunktion angelegt ist – dies wiederum versetzt Eltern, Ärzte und Therapeuten in die Lage, Hilfe bei der Überwindung ihrer Probleme zu leisten.

Kinder mit vielfachen „sensorischen Dysfunktionen" haben eine andere Wahrnehmung. Aufgrund unzuverlässiger und verwirrender Sinnesinformationen haben diese Kinder häufig Verhaltensprobleme. Viele entscheiden sich deshalb dafür, lieber in sich selbst gefangen zu bleiben, als sich mit einer Furcht einflößenden, sich ständig verändernden, feindseligen Welt auseinandersetzen zu müssen, in der sie keinen Sinn finden.

Diese Fehlfunktionen können sich sehr verwirrend äußern. Ein Kind, das *zu gut* hört, möchte jedem Lärm aus dem Weg gehen; kann es sich jedoch nicht weit genug entfernen, so verschließt es vielleicht seine Ohren mit Händen oder Fingern oder „schaltet ab"! Es sieht dann so aus, als befänden diese Kinder sich in einer anderen Welt. In einer solchen Situation ist es gut möglich, dass ein Hörtest zu dem (vermeintlichen) Ergebnis führt, das Kind sei vollständig taub. Geräusche *verletzen* die Ohren dieser Kinder.

Solche Kinder stellen häufig das Fernsehgerät besonders laut ein; damit versuchen sie die Außengeräusche in ihrer häuslichen Umgebung, wie zum Beispiel fluoreszierendes Licht, zu übertönen; häufig machen diese Kinder auch selbst viel Lärm oder summen ständig vor sich hin, um so die störenden Geräusche im Umfeld überhören zu können.

ADHS
Noch so ein Modewort?

Die medizinische Forschung hat in der Gehirnchemie von ADS-Kindern Abweichungen festgestellt; die Frage bleibt jedoch, was diese Abweichungen auslöst und wie sie verhindert werden können.

Es gibt klare Kriterien für das Vorliegen von ADS, aber es gibt noch viel mehr Gründe, warum ein Kind unaufmerksam und störend sein kann.

Das Aufmerksamkeitsdefizit- und Hyperaktivitätssyndrom oder ADHS wird sowohl bei Erwachsenen wie auch bei Kindern immer häufiger diagnostiziert.

Schätzungen zufolge leiden heute mehr als eine Million Menschen unter dieser Störung, die früher mit einem anderen Etikett versehen wurde.

Trotz der erregten Diskussion, die um diese Störung geführt wird, haben wir ADS und ADHS in dieses Kapitel aufgenommen. Von verschiedenen Seiten wird der Vorwurf erhoben, dass auf der einen Seite eine drogen- oder medikamentenabhängige Generation herangezogen wird, während auf der anderen Seite viele Millionen für Suchtpräventionsprogramme ausgegeben werden.

Das Aufmerksamkeitsdefizitsyndrom (ADS) ...

... beeinträchtigt eine Million Menschen

Absender:

Beruf:

Telefon:

Telefax:

E-Mail:

VAK Verlags GmbH
Eschbachstraße 5
79199 Kirchzarten
Deutschland

Bitte informieren Sie mich regelmäßig über die Verlagsneuerscheinungen

- ❑ per Post
- ❑ per Fax
- ❑ per E-Mail
- ❑ Ich möchte Ihren E-Mail-Newsletter abonnieren:

____
(meine E-Mail-Adresse)

Bitte senden Sie mir

- ❑ **VAK-Gesamtprogramm**
  Bücher rund um Gesundheit, Pädagogik, NLP, Gehirn und Kinesiologie
- ❑ **X-Sachen-Katalog**
  X-Sachen zum Lernen, Gesundheit, Nahrungsergänzung, pädagogisches Spielzeug und Kinesiologie
- ❑ **IAK-Kursprogramm**
  Seminarangebot Kinesiologie, Lernen und zu Gehirntraining

Diese Karte entnahm ich dem Buch:

Mein Kommentar:

Nach der Ursache für die Probleme dieser Kinder zu suchen ist sicher ein besserer Ansatz als einfach ein „Pflaster" (ein Medikament) auf ihre „Wunde" (das Problem) zu kleben.
(Siehe auch Kap. 9, die Geschichte von Robert.)

Bei Kindern mit der Diagnose ADS lassen sich häufig Symptome beobachten, die auch bei Kindern mit lernspezifischen Sehproblemen, mit Fehlfunktionen aufgrund mangelhafter Verknüpfung der Wahrnehmungen, mit nicht diagnostizierten Allergien oder Empfindlichkeiten gegenüber einem Lebensmittel, einem Getränk oder einem Stoff in der Atemluft vorkommen.

Es ist deshalb unbedingt erforderlich, ein Kind, das Gefahr läuft, die Diagnose ADS zu erhalten, bei Spezialisten vorzustellen, die über sämtliche möglichen Ursachen für Aufmerksamkeitsdefizite Bescheid wissen.

Ist es möglich, dass dieses plötzliche gehäufte Auftreten von ADS/ADHS vielleicht ein Phänomen unserer Zeit ist?

Wenn ja, warum?

Dies alles führt dazu, dass diesen Kindern ihr Recht auf Genesung verweigert wird und dass ihre Eltern und die ganze Gesellschaft darunter leiden, weil diese Kinder mit unsozialen Verhaltensweisen heranwachsen.

Es ist deprimierend zu sehen, dass Kinder, die „autistische Symptome" zeigen, noch immer nicht die Hilfe erhalten, die bereits vor Jahren propagiert wurde!

Viele Kinder lernen zunächst mit geringen „sensorischen Dysfunktionen" zu überleben; kommen sie jedoch in die Schule, so sind ihre Hilferufe nicht mehr zu überhören bzw. zu übersehen: Sie verfügen über eine schlechte räumliche Orientierung und Körperwahrnehmung, ihre Bewegungen sind ungelenk und sie können nur schlecht das Gleichgewicht halten; darüber hinaus haben sie Lernprobleme und zeigen Verhaltensauffälligkeiten.

Sie können den Klang der einzelnen Buchstaben nicht genau hören, interpretieren das Gehörte deshalb häufig falsch, können nicht von der Tafel abschreiben und schreiben aufgrund der Sehprobleme beim Tischnachbarn ab.

???

Wann wachen unsere „studierten Spezialisten" endlich auf? Unsere Kinder rufen um Hilfe!

Warum wartet man Jahr um Jahr ab, bis diese Kinder schließlich gescheitert sind?

???

Bereits im Vorschulalter halten diese Kinder ihre Stifte häufig krampfhaft irgendwie fest und haben Schwierigkeiten zu schreiben und gleichzeitig zu denken (das heißt: sich zu bewegen und gleichzeitig zu denken).

Ist ihr Sehvermögen überdurchschnittlich, so machen sie vielleicht beim Lesen Fortschritte – aber auf dem Spielplatz können sie nicht mithalten; in ihren Beurteilungen steht zu lesen, dass diese Kinder ein unreifes Sozialverhalten und mangelnde Aufmerksamkeit erkennen lassen, und sie erhalten schnell das Etikett ADS – eine Kränkung für dieses Kind, seine Eltern und die Gesellschaft.

Kinder mit diesen sensorischen Fehlfunktionen oder Anzeichen aus dem sogenannten „autistischen Spektrum" sind besonders „gefährdet", wenn sie bis zum Alter von vier Jahren keine Hilfe erhalten.

Zusammenfassung

* Auffälliges Verhalten ist ein schwieriges Thema, daher ist es besonders wichtig, dass beide Elternteile sich auf eine Vorgehensweise einigen – andernfalls kann das Problem die Familie zerstören.

* Gegebenenfalls ist es empfehlenswert, sich spezielle Literatur zu diesem Thema zu besorgen – im Buchhandel sind viele Bücher zum Thema Verhalten erhältlich.

* Reagiert ein Kind nicht auf die normalen Methoden, mit denen in der Regel eine Änderung des Verhaltens erreicht werden kann, so leidet es möglicherweise an einem Problem, das wir hier „sensorische Dysfunktion" nennen (und das von einigen mit dem Modewort Autismus oder Autismussyndrom bezeichnet wird).

* Sensorische Dysfunktionen (Autismus) sind heilbar – vorausgesetzt, das Kind hat noch keine schweren Verhaltensstörungen entwickelt. Das Kind sollte nach Möglichkeit noch nicht älter als drei Jahre sein, wenn man mit der Behandlung beginnt.

* Beobachten Sie ein Kind mit sensorischen Dysfunktionen, so liefert sein Verhalten häufig Hinweise darauf, welche Sinne nicht normal funktionieren.

* Die meisten Erwachsenen haben die eine oder andere sensorische Fehlfunktion – und schlagen sich dennoch durch!

7 Die neueste Software

„Na, was gibt's Neues?“

Der Kompetenzgrad eines Kindes in den vier (zum Lernen erforderlichen) Bereichen lässt sich mit wenigen Ausnahmen bereits im Alter von drei Jahren sicher vorhersagen. Obwohl bekannt ist, dass es sehr schwierig ist, einen schlechten Start im späteren Leben auszugleichen, ignoriert unser Schulsystem die entscheidenden Jahre! Nach einer Studie der ***Harvard University***

Damit wir unser heutiges Wissen über die Entwicklung des menschlichen Gehirns gewinnen konnten, bedurfte es eines Zeitraums von 130 Jahren und einer explosionsartigen Entwicklung auf dem Gebiet der Informationstechnologie.

Unter der Überschrift „Von der Bedeutung einer Beschäftigung mit dem *ganzen* Geist und nicht nur mit einem Ausschnitt" steht im *Book of Knowledge* von 1868 etwa Folgendes geschrieben:

Und wir sind nun sicher, dass wir nicht den großen Fehler begehen und annehmen, dass der für Wissen und Vernunft zuständige Teil des Geistes (Gehirn) der ganze Geist ist und dass Fühlen nicht ebenso wichtig ist wie Denken; wir werden uns weiter mit der Frage befassen, was aus unseren Empfindungen wird und wie Intelligenz und Intellekt darauf aufbauen.

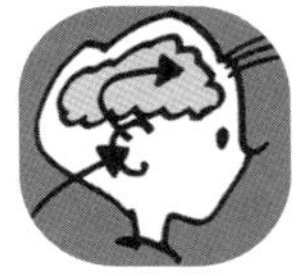

Neurologie, Lernen und Reflexe

Die frühkindlichen Reflexe als solche sind seit langem bekannt, das Wissen um ihre Auswirkungen auf Entwicklung und Lernvermögen aller Kinder ist jedoch relativ neu. Diese Erkenntnis bedeutet für alle intelligenten Kinder mit Lernproblemen einen entscheidenden Durchbruch.

Der Zusammenhang zwischen der Entwicklung des Nervensystems (zu dem die frühkindlichen Reflexe gehören) und dem Lernvermögen eines Menschen war bis vor zwanzig Jahren noch völlig unbekannt.

Heute ist die Entwicklung auf diesem Gebiet so weit fortgeschritten, dass es durchaus im Bereich des Möglichen liegt, dass wir bald an allen Universitäten Lehrstühle für diesen Themenbereich haben werden.

Aktuelle Studien haben ergeben, dass zwischen Leseschwierigkeiten und der Kontrolle der Bewegungen bei Kindern ein Zusammenhang besteht. Schwerpunkt der Untersuchung war der mögliche Zusammenhang zwischen dem Lernverhalten von Kindern und Störungen in der neurologischen Entwicklung (frühkindliche Reflexe). Aufgrund dieser Erkenntnisse wird für Kinder mit Leseschwierigkeiten eine stark modifizierte Behandlung vorgeschlagen, die eine Beurteilung der zugrunde liegenden neurologischen Funktionen und eine entsprechende Therapie mit einschließt. Nach ***The Lancet Medical Journal*** *(Australien)*

Und eines Tages gab es einen ...

"Lehrstuhl für Neuro-Pädagogik" an den Universitäten

Vom Augenblick der Geburt an vermehren sich die Gehirnzellen des Babys rasant und stellen dabei Verbindungen her, die sämtliche künftigen Lebenserfahrungen entscheidend prägen werden.
Die ersten drei Lebensjahre sind entscheidend.
Quelle: „Fertile Miracle", in: ***Time Magazine****, 1997*

Seit den siebziger Jahren wurden immer mehr Belege dafür gefunden, dass körperliche Betätigung die Entwicklung des Gehirns beeinflusst; erst seit kurzem stehen der Forschung jedoch Instrumente zur Verfügung, die geeignet sind aufzudecken, wie diese Veränderungen stattfinden.

Die Anerkennung des Zusammenhangs zwischen Nervensystem und Lernen ist einer der entscheidenden Durchbrüche des vergangenen Jahrzehnts.

Wir können außerdem auf wichtige Fortschritte im Hinblick auf die Förderung der neurologischen Entwicklung und des Lernens zurückgreifen, nämlich:

* Klangtherapie
* Programme zur koordinierten Entwicklung von Sinneswahrnehmung und Bewegungsapparat
* Weitere vielversprechende Übungsprogramme, die zur Lernförderung bei Schulkindern Akupressurpunkte und Überkreuzmuster nutzen

Diese Programme richten sich bisher jedoch ausschließlich an Kinder im Schulalter und an Erwachsene.

Klangtherapie

Hören ist das Wahrnehmen von Klang (oder Geräusch); dazu gehören sowohl die physische Wahrnehmung des Klangs wie auch seine Kodierung und Übertragung als Information an das Gehirn.

Die Klangtherapie existiert erst seit wenigen Jahren und kann noch längst nicht überall in Anspruch genommen werden.

Der Pariser HNO-Arzt Dr. Tomatis fand in den vierziger Jahren heraus, dass das Hören die Entwicklung von Sprechen, Lernen und Sozialverhalten beeinflusst.

Viele Kinder haben Hörprobleme. Sie haben Schwierigkeiten, Klänge bzw. Laute am oberen Ende des Spektrums der menschlichen Stimme wahrzunehmen, und sind deshalb nicht in der Lage, Unterschiede zwischen bestimmten Lauten zu erkennen; Lesenlernen durch lautes Aussprechen der Buchstaben ist dann nicht möglich.

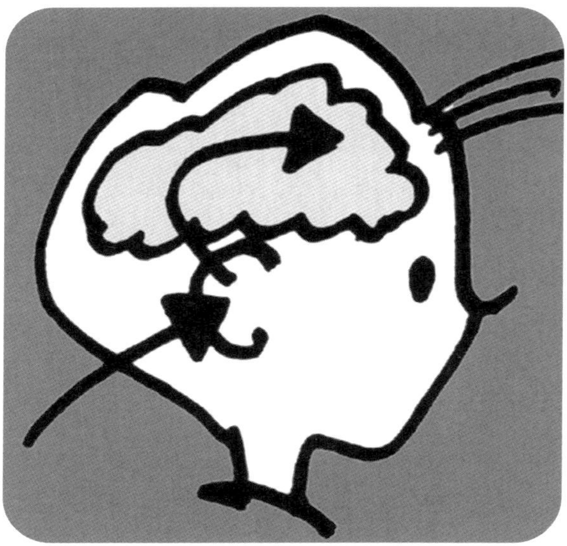

Viele Kinder hören in bestimmten Frequenzbereichen zu gut oder nicht gut genug.

Die Klangtherapie hilft diesen Kindern, in ihrer auditiven Wahrnehmung wieder zu einem natürlichen Gleichgewicht zu finden und alle Frequenzen der menschlichen Stimme gleich gut zu „empfangen“.

Klangtherapie ist sozusagen ein Hörprogramm, das mit einer Mikromassage der Muskeln des Mittelohrs arbeitet, und gibt dem auditiven (für das Hören zuständigen) Gehirnbereich in der Großhirnrinde die Möglichkeit einer totalen Stimulation des Gehirns; dies beeinflusst wiederum das restliche Nervensystem und führt sowohl zu körperlichen wie auch zu mentalen Verbesserungen.

Untersuchungen haben ergeben, dass die höheren Tonlagen der menschlichen Stimme reich an Energie sind und den Zuhörer beleben, während die tieferen eine beruhigende Wirkung haben.

Zur Stärkung der Muskeln des Mittelohrs wurden mittlerweile CDs und Kassetten entwickelt, die dem Kind auf sanfte Weise wieder zu einer normalen Aufnahmefähigkeit für alle Tonlagen der menschlichen Stimme verhelfen.

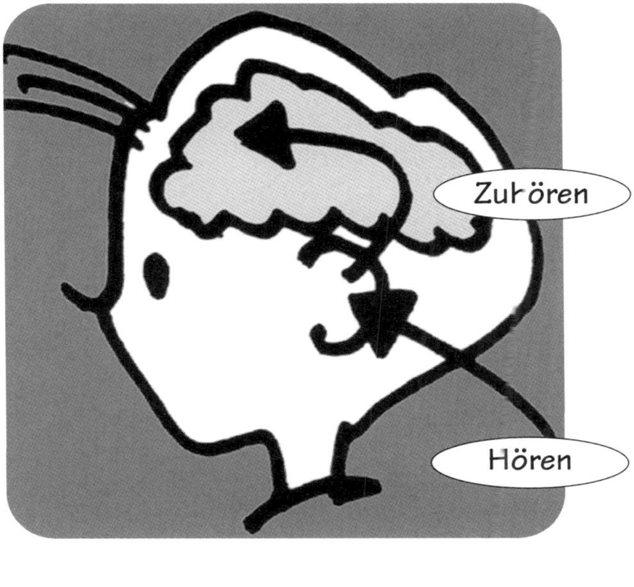

Zuhören ist nicht dasselbe wie Hören.

Zuhören ist das Verarbeiten von Klängen/Lauten in einem bestimmten Kontext, in der Regel zusammen mit Informationen von anderen Sinnesorganen wie Seh- und Tastsinn.

Hören ist das passive Aufnehmen von Klängen/Geräuschen/Lauten.

Zuhören ist für eine normale Entwicklung von entscheidender Bedeutung – denken Sie nur an Ihre Reaktion auf den Bohrer des Zahnarztes!

Zuhören ist der Schlüssel für das Aufnehmen von Eindrücken und für die Kommunikation mit Eltern und Altersgenossen. Es versetzt das Kind in die Lage, Aufforderungen zu empfangen und darauf zu reagieren sowie zu lernen.

Besonders hilfreich ist die Klangtherapie für Kinder, die so „gut" hören, dass sie nicht in der Lage sind, bestimmte Klänge/Geräusche/Laute aus ihrer Umgebung auszufiltern.

Viele Kinder wurden mit dem Etikett Aufmerksamkeitsdefizit versehen; mit Hilfe der Klangtherapie ist es solchen Kinder gelungen, die akustischen Signale, die ihr Gehirn erreichen, ins Gleichgewicht zu bringen.

Zu geringe Stimulation (Anregung, Aktivierung) des Innenohrs während der ersten Lebensjahre, in denen sich die Sprechmuster ausbilden, kann zur Folge haben, dass die Nervenenden sich nicht vollständig entwickeln. Die häufigsten Ursachen hierfür sind Blockierungen, die von ständigen Ohrinfekten, unzureichender Stimulation des Gleichgewichtssystems wegen Bewegungsmangels), schlechtem Gesundheitszustand oder Reaktionen auf bestimmte Lebensmittel oder Bestandteile der Atemluft verursacht werden.

*Die moderne Gesellschaft kreist um (schriftliche und gesprochene) elektronische Kommunikation; somit ist die Art, **wie** wir hören, **was** wir zu hören glauben und unsere darauf folgende verbale oder Verhaltensreaktion für alle Aspekte unseres Lebens von entscheidender Bedeutung.*

Weitere Hilfestellungen

Abgesehen von den bisherigen Ausführungen gibt es auch allgemeine Programme zur Förderung der frühkindlichen Entwicklung, etwa musikalische Früherziehungsprogramme, Kleinkindturnen und spezielle Vorschulen, die alle auf ihrem jeweiligen Gebiet Gutes leisten.

Eines Tages werden all diese Aktivitäten unter einem Dach koordiniert werden. Dies wird bereits in einigen Ländern praktiziert. In Australien hat die von der Autorin gegründete Organisation *Toddler Kindy GymbaROO* diese Aufgabe übernommen und zwar mit dem Schwerpunkt Information und Ausbildung der Eltern.

Interessierte erfahren Näheres auf der folgenden Website: *www.gymbaroo.com.au*

Zusammenfassung:

* Neue Ideen und Konzepte setzen sich nur langsam in den Köpfen durch. Bekanntlich spricht man ja mittlerweile von einem Problem des *Analphabetentums* in der westlichen Welt .

* Die gesamte Forschung ist sich hinsichtlich der Bedeutung der ersten drei Lebensjahre für alle Bereiche der Entwicklung einig – dennoch hat unsere Gesellschaft auf diese wertvolle Information nur mit sehr geringen Veränderungen reagiert.

* Die Bedeutung der frühkindlichen Reflexe für kindliche Entwicklung und Lernen wird kurz vorgestellt, ebenso die Klangtherapie.

* In den vergangenen 25 Jahren wurden immer mehr sportliche Angebote für Kinder (von der Geburt bis zum Schulalter) eingerichtet, ebenso Musikkurse. Dies sind Schritte in die richtige Richtung, doch liegen diesen Angeboten nur selten fundierte neurologische und erziehungswissenschaftliche Prinzipien zugrunde.

8 Die Zukunft

Erfolg erzeugt weiteren Erfolg.

Was hält das neue Jahrtausend für uns Menschen und vor allem für unsere Kinder bereit?

Vielleicht werden Computer, die sich über die Stimme aktivieren lassen, zur Grundausstattung jeder Schule und sogar jedes Haushalts gehören? Das Leben und die Erziehung unserer Kinder werden von Mikrochips gesteuert werden.

„Noch stehen wir unter dem Eindruck der Veränderungen, die der Verbrennungsmotor möglich gemacht hat, und bekommen gleichzeitig schon die Auswirkungen des Mikrochips auf zahllose künftige Generationen zu spüren. Die Stimmerkennung, die sich derzeit noch in der Entwicklung befindet, wird es uns in nicht allzu ferner Zukunft ermöglichen, die gesamte technische Ausstattung unseres Haushaltes, zum Beispiel Mikrowelle, Fernsehgerät, Waschmaschine und Musikanlage, herumzukommandieren."
Paul Saffo, Direktor des ***Institute of the Future****, einer „Denkfabrik" für technologische Entwicklung in Kalifornien.*

Die Medizin hat große Fortschritte auf dem Gebiet des Ultraschalls aufzuweisen, eines Vorboten für viele andere aktuelle Neuentwicklungen.

Werden Eltern bald in der Lage sein, Geschlecht sowie medizinische und intellektuelle Faktoren bei ihrem ungeborenen Kind festzulegen? Wird es in Zukunft weniger behinderte Kinder geben?

An welchem Punkt hört die Einflussnahme auf die genetischen Anlagen auf?

Es könnte sein, dass künftige Elternpaare vor solchen moralischen und herzzerreißenden Entscheidungen stehen werden. Unsere Gesellschaft sieht sich bereits heute mit einigen dieser Grenzfragen konfrontiert, nämlich dort, wo vorgeburtliche Untersuchungen auf eine Schädigung des Ungeborenen hinweisen.

Zum gegenwärtigen Zeitpunkt wird die größte Frustration bei dem Versuch, Lern- und Entwicklungsprobleme zu überwinden, von der dualen Natur der rivalisierenden Bereiche von Medizin und Erziehungseinrichtungen verursacht.
Diese beiden Bereiche arbeiten hoffnungslos voneinander getrennt. Wir benötigen jedoch Zusammenarbeit zwischen den einzelnen Fachrichtungen, damit der ***ganze*** *Mensch behandelt werden kann; jede Berufsgruppe hat* ***ihren*** *Anteil am Wissen, keine hat die ganze Weisheit für sich gepachtet.*

Viele Kinder, die aufgrund kleinerer Entwicklungsverzögerungen „um Hilfe rufen", werden ignoriert, weil sie äußerlich normal erscheinen. Sie werden in die Schule geschickt und versagen mindestens zwölf Jahre lang in allen Bereichen des Lernens!

Aus einem Bericht über das Schulsystem in New South Wales, Australien, 1989:
Viele Schulen geben immer größere Summen für eine zwölfjährige Schulzeit aus, die im Alter von sechs Jahren beginnt, und ignorieren dabei, was über die menschliche Entwicklung bekannt ist.
Kommentar: Niemand scheint von diesen Forschungsergebnissen Notiz genommen zu haben.

Dies muss sich ändern, und zwar durch das Erkennen auch kleinerer Abweichungen in der kindlichen Entwicklung.

Eltern, Erzieher, Mediziner, Neuro- und Erziehungswissenschaftler müssen zusammenarbeiten.

Nichts hat sich allerdings in den vergangenen 25 Jahren an der Versagensrate in den meisten Schulen der westlichen Welt geändert.

Jede Fachrichtung scheint zu glauben, dass sie allein die Lösung bereithält; wir brauchen jedoch Therapeuten, die interdisziplinär ausgebildet sind, die Probleme an vorderster Front bekämpfen können und ein Kind nur dann zu einem Spezialisten überweisen, wenn ihre eigenen Methoden nicht greifen.

Aus einem Artikel in der ***Herald Sun Australia*** *vom 10. August 1998: Steuern wir auf eine Laptop-Welt zu? Es gehört Mut dazu, eine Vorhersage darüber zu wagen, wie die Klassenzimmer in unseren Schulen in zehn Jahren aussehen werden. Sprachkompetenz, Zuhören, Analysieren, Argumentieren, soziale Kompetenz und eine allumfassende körperliche Betätigung müssen die Lehrpläne der Schulen bestimmen, um den „sitzenden" Lebensstil, mit Chemikalien überfrachtete Lebensmittel und eine häufig suggestive Berichterstattung der Medien auszugleichen.*

Wie wird die Schule der Zukunft aussehen – müssen Lehrer Spezialisten für die Förderung der neurologischen Entwicklung der Kinder werden?

Werden sie es sein, die für sensorische, motorische und körperliche Aktivitäten sorgen und damit das intellektuelle Wachstum anregen?

Werden wir von den heutigen Leselernmethoden fehlgeleitet?

Sinken unsere Anforderungen und Erwartungen bereits, wie anderswo in der Welt zu beobachten?

Sind Klassenverbände Auslaufmodelle?

Wenn die besten Lehrer der Welt online über das Internet unterrichten, werden sich die Schulen anpassen müssen. Viele Kinder kommen heute schon ziemlich gut zurecht, ohne lesen zu können.

Viele Kinder bringen sich heute schon selbst das „Lesen“ bei (zumindest auf einer funktionalen Ebene); dies geschieht dadurch, dass sie auf dem Computer mit den Wörtern konfrontiert werden und ist vergleichbar mit dem Sprechenlernen durch Hören; dies alles findet statt, bevor sie in die Schule kommen, ob es den zuständigen Behörden nun gefällt oder nicht.

Schreiben und Lesen sind Fähigkeiten, die allmählich nicht mehr gebraucht werden. Wir haben das Fernsehen, den Computer und eine ständig wachsende Anzahl von reich bebilderten Zeitschriften – wer braucht da noch zu lesen und zu schreiben?

Künftig werden wir Zentren zur Ausbildung von Eltern benötigen, in denen professionelles Personal die Eltern unterstützt und mit ihnen gemeinsam ihre Kinder beim Erklimmen der „Lernleiter" begleitet.

Das menschliche Gehirn hat im Laufe der Zeit gelernt wahrzunehmen und zu lernen; damit vergleichbar ist das Gehirn eines Kindes so angelegt, dass es einer geordneten, feststehenden, zusammenhängenden Abfolge von Entwicklungsschritten folgt, deren Ergebnis die Fähigkeit zu lernen ist.

Die Auswirkungen der Mikrochips

Viele Kinder (häufig mit hohen IQs) versagen beim Lernen aufgrund von Fehlfunktionen der Wahrnehmung, die durch eine verzögerte neurologische Entwicklung verursacht werden.

Das elektronische Zeitalter wird weiterhin viele Vorteile und Herausforderungen für uns bereithalten.

Dennoch wird unser Gehirn das Zentrum des Lernens bleiben und seine Entwicklung über das Nervensystem, also die neurologische Entwicklung, wird weiterhin Einfluss auf Sprech- und Denkfähigkeiten sowie auf die Fähigkeiten zu analysieren und zu argumentieren haben (vor allem während der entscheidenden ersten drei Lebensjahre).

Die Elektronik könnte für Kinder mit Lernproblemen tolle Neuigkeiten bereithalten, denn Computer präsentieren die Wörter visuell und sprechen die rechte Hemisphäre an.

Schon heute sind viele Kinder mit Sprachproblemen Experten am Computer – diese Technologie entscheidet über Erfolg und Versagen.

Die Behandlung von Fehlfunktionen bei einem Kind hinauszuschieben, lässt sich mit nichts rechtfertigen. Eine derartige Sorglosigkeit schadet dem Kind, den Eltern und der Gesellschaft.

Diese Kinder finden später häufig keinen Arbeitsplatz, viele sind überhaupt nicht zu vermitteln und haben Verhaltensprobleme. Einige werden bereits früh straffällig – kann man ihnen das vorwerfen? Die Gesellschaft hat sie im Stich gelassen.

Abzuwarten bis ein Kind versagt, macht keinen Sinn.

Wann werden unsere studierten Spezialisten hören, wenn ein Kind um Hilfe ruft?

Warum warten wir Jahr um Jahr ab, bis unsere Kinder schließlich versagen?

ZUSAMMENFASSUNG:

* Wohin führt uns die Medizin?
* Wann werden Medizin und Pädagogik zusammenarbeiten?
* Wann wird die Bedeutung der Neurologie für die kindliche Entwicklung und das Lernen anerkannt?
* Wer hilft dem intelligenten Schulversager?
* Kommen unsere Kinder zu spät in die Schule?
* Werden künftig mehr Spezialisten auf dem Gebiet der frühkindlichen Entwicklung und Erziehung ausgebildet und werden Eltern so geschult, dass sie die neurologische Entwicklung ihrer Kinder unterstützen können?
* Wie wird die „Schule der Zukunft" aussehen?
* Wird „Lesen und Schreiben" noch eine Rolle spielen?

Die Behandlung von Fehlfunktionen bei einem Kind hinauszuschieben, lässt sich mit nichts rechtfertigen. Eine derartige Sorglosigkeit schadet dem Kind, den Eltern und der Gesellschaft.

Diese Kinder finden später häufig keinen Arbeitsplatz, viele sind überhaupt nicht zu vermitteln und haben Verhaltensprobleme. Einige werden bereits früh straffällig – kann man ihnen das vorwerfen? Die Gesellschaft hat sie im Stich gelassen.

Abzuwarten bis ein Kind versagt, macht keinen Sinn.

Wann werden unsere studierten Spezialisten hören, wenn ein Kind um Hilfe ruft?

Warum warten wir Jahr um Jahr ab, bis unsere Kinder schließlich versagen?

Zusammenfassung:

- ✱ Wohin führt uns die Medizin?
- ✱ Wann werden Medizin und Pädagogik zusammenarbeiten?
- ✱ Wann wird die Bedeutung der Neurologie für die kindliche Entwicklung und das Lernen anerkannt?
- ✱ Wer hilft dem intelligenten Schulversager?
- ✱ Kommen unsere Kinder zu spät in die Schule?
- ✱ Werden künftig mehr Spezialisten auf dem Gebiet der frühkindlichen Entwicklung und Erziehung ausgebildet und werden Eltern so geschult, dass sie die neurologische Entwicklung ihrer Kinder unterstützen können?
- ✱ Wie wird die „Schule der Zukunft" aussehen?
- ✱ Wird „Lesen und Schreiben" noch eine Rolle spielen?

9 Fall-Beispiele

James
Anna
John
Paul
Sam
Sarah
Jane
Robert
Mark

Ohne Bemühen keine Hoffnung. Ohne Hoffnung kein Bemühen.

Vorbemerkung

Fast jedes menschliche Wesen leidet unter dem einen oder anderen „Wehwehchen", in manchen Fällen äußern diese Wehwehchen sich jedoch plötzlich sehr heftig und werden ein Problem für die Mitmenschen.

Die Eltern von Kindern mit derartigen Wehwehchen brauchen ebenso viel Hilfe wie die Eltern von Kindern, die eindeutig geistig behindert sind. Diese Eltern sind in der Regel wunderbare Menschen, die nur selten Anerkennung für die liebende Fürsorge erhalten, mit denen sie sich um ihre Kinder bemühen; die Kinder sind zwar in der Regel nicht ernstlich behindert, ihre kleineren Wehwehchen wirken sich jedoch negativ auf ihre Entwicklung und ihre Fähigkeit zu lernen (und häufig auch auf ihr Verhalten) aus.

Die folgenden Beispiele handeln von einigen dieser Eltern und ihren Kindern, denen ich glücklicherweise helfen konnte.

Es sind Geschichten von Eltern und Kindern, die sich geweigert haben, die Hoffnung aufzugeben, und die gewonnen haben.

James

Trotz eines Geburtsschocks und Saugproblemen sowie der sich anschließenden verzögerten Entwicklung wurde den Eltern von James keine professionelle Hilfe angeboten; erst als James drei Jahre alt war, wurde er aufgrund der Tatsache, dass er noch nicht sprechen konnte, zu einem Sprachtherapeuten überwiesen.

James wurde mir im Alter von drei Jahren zum ersten Mal vorgestellt; zu diesem Zeitpunkt war er nach der *Griffith Developmental Scale* (Methode der Entwicklungsdiagnostik im Säuglings- und Kleinkindalter) auf dem Entwicklungsstand eines 20 bis 24 Monate alten Kindes.

James wies viele Störungen bei der Aufnahme von Sinnesinformationen auf, die für eine „wirre" Wahrnehmung der Welt verantwortlich waren. Seine Wahrnehmung fand nicht, wie es normal ist, durch Sehen, Hören und Berühren statt. Ein Termin bei einem Augenoptiker ergab, dass er doppelt sah! Sein Muskeltonus war offensichtlich zu schwach.

Nach einem speziellen Training zur Normalisierung der Aufnahme von Sinnesinformationen befindet sich James mittlerweile auf dem gleichen Entwicklungsstand wie seine Altersgenossen, er ist „trocken", kann Dreirad fahren, malen, ausschneiden, singen und sprechen.

Er schaltet nicht mehr ab und sein extremes Verhalten gegenüber Licht, besonders gegenüber Autoscheinwerfern, sein Zähneknirschen, seine Reaktionen auf laute Geräusche, sein Schaukeln, Anschlagen des Kopfes und seine Sprachprobleme sind längst vergessen.

James durchlief zwei Jahre lang ein spezielles therapeutisches Programm. Er ist jetzt zwischen vier und fünf Jahre alt und auf einem guten Weg zu einer glücklichen und erfolgreichen Schulzeit.

Er erkennt bereits mehr als 100 Wörter. Sein Kinderarzt sagte dazu, dass er es noch nie erlebt habe, dass ein solches Kind wieder vollständig zu einer normalen Entwicklung zurückfindet. James hatte bereits die Diagnose Autismus erhalten.

Der Erfolg solcher Programme erfordert einen täglichen Zeitaufwand von etwa zwei bis drei Stunden. Das ist ein großes Unterfangen für Eltern, denen geraten wird, Hilfe von außen zu suchen, doch der Lohn ist ein glückliches, normales Kind.

Es ist eigentlich Unsinn: Sobald die Kinder, die *keine* entsprechende Behandlung erhalten haben, in die Schule kommen, muss der Staat viel Geld für zusätzliche Betreuung aufbringen.

Nachtrag: James geht inzwischen zur Grundschule, er kann gut lesen und ist in allen Bereichen erfolgreich. Seine Eltern sind glücklich.

Anna

Anna war sechs Jahre alt, als ihre gestressten Eltern zum ersten Mal mit ihr in meine Praxis kamen; zuvor hatten sie über viele Jahre hinweg die unterschiedlichsten „Experten" aufgesucht.

Der letzte vorliegende Bericht prognostizierte, dass Anna niemals lesen und schreiben lernen werde. In der Schule hatte sie Schwierigkeiten in allen Bereichen des Schreibens und Lesens, im Rechnen, mit dem Sozialverhalten, dem Selbstbewusstsein, der Fein- und Grobmotorik, dem Kurzzeitgedächtnis, sie hatte Schwierigkeiten, Anweisungen auszuführen, sich zu konzentrieren und grundlegende Begriffe zu verstehen.

Es ist schwer zu verstehen, warum während der ganzen Zeit vor Annas Einschulung niemand ihre Eltern auf die Möglichkeit schulischer Probleme aufmerksam gemacht hatte. Anna hätte all diese Probleme nicht haben müssen – hätte ihr jemand während ihrer ersten Lebensjahre Hilfe angeboten.

Anna zeigte viele „geringfügige Abweichungen" in ihrer Entwicklung, wie zum Beispiel eine verlangsamte frühkindliche Entwicklung – sie konnte sich zu spät vom Bauch auf den Rücken und zurück drehen, bewegte sich nicht auf dem Bauch vorwärts, krabbelte zu spät (und dann auch nur für wenige Wochen) und begann erst im Alter von 16 Monaten zu laufen.

In Situationen, in denen es laut zuging, war Anna oft nicht mehr zu bändigen, und sie roch buchstäblich alles. Im Kindergarten konnte sie nicht malen, normal ausschneiden oder andere Aktivitäten mitmachen, die ihren Altersgenossen leicht fielen.

Sie war übermäßig aktiv, hatte aber eine schlechte Konzentration. Ihr Verhalten war nicht normal, denn sie schaltete häufig einfach ab, ihre Sprachentwicklung war verzögert und sie litt ständig an Ekzemen.

Alles in allem: eine Garantie für eine schulische Katastrophe. Anna hatte niemals die Möglichkeit, die Fertigkeiten zu entwickeln, die die Voraussetzung für erfolgreiches Lernen sind.

Man ging einfach davon aus, dass sie nicht lernen konnte; niemand machte sich die Mühe herauszufinden warum.

Meine Einschätzung ging dahin, dass Anna ein intelligentes, aber übermäßig aktives Kind mit einigen Fehlfunktionen in der Aufnahme von Sinnesinformationen war. Da ihre Probleme nicht erkannt worden waren, war sie in ihren ersten Lebensjahren nicht in den Genuss einer normalen Entwicklung gekommen.

Ihre neurologische Entwicklung war stark verzögert. Allergische Reaktionen auf Milch, Zucker, künstliche Farbstoffe usw. hatten die Situation verschlimmert. Nachdem die unverträglichen Nahrungsmittel von ihrem Speiseplan gestrichen worden waren, verschwand ihr Ekzem und ihre Konzentration und ihr Verhalten verbesserten sich.

Anna erhielt ein Programm zur Förderung ihrer neurologischen Entwicklung; Schwerpunkt dieses Programms waren Übungen, die ihr halfen, ihr überempfindliches Gehör zu normalisieren. (Klassenzimmer sind Orte mit viel Lärm; sogar die fluoreszierenden Leuchtstoffröhren verursachen ein Geräusch, das auf Kinder wie Anna sehr ablenkend wirken kann.)

Annas Eltern waren zu dieser Zeit beruflich stark eingebunden und konnten Annas Programm nicht vollständig selbst durchführen, sie erhielten jedoch viel Unterstützung von Annas Lehrern. Sie erkannten schnell Annas Fortschritte und erklärten sich bereit, das Programm auch in der Schule anzuwenden.

Heute hat Anna noch immer einige Erfahrungen nachzuholen, sie kann inzwischen jedoch recht gut lesen, Ihre Probleme mit der Konzentration, mit Impulsivität, Unaufmerksamkeit, Stimmungsschwankungen, Temperamentsausbrüchen und unvorhersehbarem Verhalten haben sich erkennbar gebessert und ihr Bedürfnis, an allem zu riechen, ist verschwunden.

Nicht schlecht für ein Kind, dem „Experten“ vorausgesagt hatten, dass es nie normal und in der Lage sein würde zu lernen.

John

John war etwas älter als zehn Jahre, er las jedoch wie ein acht- bis neunjähriges Kind. Sein Verhalten war explosiv und impulsiv.

Die Schule war eine Katastrophe und in seinem dritten Schuljahr wurde er für drei Wochen vom Unterricht suspendiert. Seine Konzentration war sehr mangelhaft, ebenso wie alle anderen schulischen Fertigkeiten wie Schreiben und Buchstabieren.

Meine Einschätzung ergab, dass John Probleme mit der Ernährung und der sensorischen Integration hatte. John erhielt deshalb ein Bewegungsprogramm zur sensorischen Integration und wurde an einen Ernährungsspezialisten überwiesen.

John bewältigte das Programm hervorragend und knapp zwei Jahre später erhielt ich folgenden Brief von seiner Mutter:

„Wenn Sie John jetzt nur sehen könnten!

Seine Fortschritte in sämtlichen Bereichen sind unglaublich. Von der letzten Stelle in der Klasse hat er es auf Platz 4 geschafft. In den Abschlusstests des letzten Schuljahres schaffte er sechsmal die Note 1 und zweimal die Note 2.

Beim Buchstabieren (früher sein größtes Problem) lag er nie unter 70–80 %. Seine Aufmerksamkeitsspanne hat sich vergrößert und er braucht inzwischen kaum noch Unterstützung von mir. Er kann jetzt schneller arbeiten und hält problemlos mit seinen Kameraden mit. Er ist körperlich sehr aktiv und seine Koordinationsfähigkeit ist gut entwickelt. Er treibt gerne Sport, hält sich weiterhin an seinen Ernährungsplan und macht darüber hinaus immer noch seine Übungen, und zwar mittlerweile völlig selbstständig.

Er hat sich zu einem recht unabhängigen Kind entwickelt."

Paul

Paul, drei Jahre alt, hatte ein wesentlich ernsteres Problem als John.

Durch eine schwierige Schwangerschaft und eine ebenso schwierige Geburt hatte Paul einen schlechten Start. Nach der Geburt konnte er nicht richtig saugen und wurde durchgehend mit der Flasche ernährt (Flaschennahrung auf Kuhmilchbasis).

Er war ein friedliches Kind. Kriechen, Krabbeln und Laufen fanden zur richtigen Zeit statt, seine Kriech- und Krabbelphasen waren jedoch recht kurz und er verbrachte viel Zeit in Wippe und Laufgitter.

Seine Sprache sowie seine fein- und grobmotorische Koordination waren schlecht, er hatte Verhaltensprobleme – da er nicht normal fühlen konnte, biss er sich selbst und andere, er liebte es, im Wasser der Toilette zu plantschen, starrte unverwandt in Lichtquellen; er reagierte sehr empfindlich auf Lärm und war sehr launisch; außerdem warf er exzessiv mit Gegenständen um sich.

Im Alter von 18 Monaten war er hyperaktiv – er schlug sich buchstäblich seinen Weg durchs Leben frei.

Paul erhielt zunächst ein Programm zur Entwicklung der sensorischen Motorik und wurde zu einem Ernährungsspezialisten überwiesen. Er blieb bei diesem Programm zur sensorischen Integration, das so oft wie möglich durchgeführt wurde, bis er in die Schule kam.

Pauls familiäre Verhältnisse waren problematisch. Er erhielt Klangtherapie, um seine Überempfindlichkeit auf Lärm zu lindern und seine Fähigkeit zu entwickeln, Wörter auszusprechen.

Als Paul in die erste Klasse kam, war er eines der Kinder mit geringfügigen Verhaltensproblemen und kam gut zurecht.

Sam

Sam, 9 Jahre alt, hatte keine ernsthaften Lernprobleme, seine Auffassungsgabe war jedoch unterdurchschnittlich entwickelt, seine Fähigkeit sich zu konzentrieren war mangelhaft und er hatte Verhaltensprobleme.

Seine Schwierigkeiten waren in erster Linie auf Sehprobleme und auf seine Ernährung sowie auf einige kleine Verzögerungen in der neurologischen Entwicklung zurückzuführen.

Diese Probleme konnten mit einem dreimonatigen Programm zur sensorischen Integration und einer Umstellung der Ernährung weitestgehend behoben werden. Sam war sowohl in der Schule als auch zu Hause eine Herausforderung, mit Hilfe des Programms konnten jedoch rasch Verbesserungen erzielt werden; seine Lehrer wurden deshalb gebeten, dreimal täglich eine kurze schriftliche Einschätzung vorzunehmen.

Die Lehrer waren sehr kooperativ und die Fortschritte, die Sam hinsichtlich seiner Konzentration und seines Verhaltens machte, wurden von den positiven Kommentaren seiner Lehrer noch verstärkt, zum Beispiel:

„Ich kann es nicht glauben, dass dies derselbe Junge sein soll, der immer solche Probleme gemacht hat. Eine absolut wundervolle Veränderung!" Oder:

„Ich glaube nicht, dass es sich um denselben Sam handelt, von dem wir vorher gesprochen haben. Ich glaube, dieser alte Sam wurde in eine große Schachtel gepackt und irgendwo im Garten vergraben. Ich mag diesen Sam hier, der so hart arbeitet. Meinen Glückwunsch!"

Natürlich waren Sams Eltern genauso begeistert!

Sarah

Sarah befand sich im dritten Lebensjahr und war ein normales, intelligentes Kind mit Verhaltensproblemen. Ihre Lateralität war nicht entwickelt; deshalb lag sie in ihrer Entwicklung im grob- wie auch im feinmotorischen Bereich hinter ihren Altersgenossen. Dies kann bei einem intelligenten Kind gewaltige Frustration auslösen.

Sarah war außerdem sehr geräuschempfindlich und scheute jede Aktivität mit anderen Kindern, die mit Geschrei oder gar mit lautem Sprechen verbunden war. Sie hatte Höhenangst und Schwierigkeiten mit der räumlichen Wahrnehmung aufgrund von Problemen bei der Entwicklung ihres Sehvermögens.

Ihre unreife Körperwahrnehmung und ihr Gleichgewicht waren auf dem Niveau eines zweijährigen Kindes. Dies führte zu Problemen im Sozialverhalten, die sie vermied, indem sie zu weinen begann, launisch war oder sich an ihre Mutter klammerte, um bei ihr Sicherheit zu finden.

Für Sarah war die Welt ein Ort voller Stress – wie kann man es ihr also verübeln, dass sie mit unangemessenem Verhalten reagierte? Sarah konnte zwar sprechen, ihre Sprache war jedoch nicht altersgemäß entwickelt. Dennoch hatte man ihren Eltern versichert, dass sie sich gut entwickeln würde. Eine genaue Untersuchung ihrer Entwicklung brachte mehrere minimale Abweichungen an den Tag. Die Frage ist, warum diese nicht bemerkt worden waren.

Sarah erhielt ein Ernährungs- und ein Übungsprogramm, mit deren Hilfe sie diese „minimalen Abweichungen“ überwand; ihr Verhalten veränderte sich daraufhin recht schnell und sie konnte von den normalen Aktivitäten im Kindergarten profitieren.

Jane

Die Geschichte von Jane zeigt, was mit der Hilfe mitfühlender Lehrkräfte möglich ist.

Jane war fast 7 Jahre alt, ein intelligentes, freundliches, offenes Kind. Ihr neurologisches Alter lag jedoch bei 2 Jahren – sie konnte weder lesen noch schreiben noch buchstabieren und die Rückschläge bei ihren Versuchen mit Zahlen und Buchstaben waren entsetzlich. Ihr Muskeltonus war schwach und sie ermüdete schnell.

Schule war für sie etwas Schreckliches. Ihre erste Sitzung bei mir dauerte drei Stunden, ich besprach mit ihren Eltern Maßnahmen und Übungen, die ihr beim Überwinden ihrer Lern- und Entwicklungsprobleme helfen sollten. Bereits nach dieser ersten Anwendung ihres Übungsprogramms konnte sie lesen und fünf Wörter zu einem Satz zusammensetzen – diese Wörter konnte sie auch buchstabieren! Nicht schlecht für ein Kind, das bereits seit zwei Jahren die Schule besuchte und noch keinen Test in Lesen oder Schreiben bestanden hatte.

Mit der Unterstützung ihrer Lehrer bewältigte Jane ihr Programm zur sensorischen Integration sehr gut und konnte bereits zwei Monate später recht gut lesen. Jane hielt sich an ihr Ernährungsprogramm, mit dessen Hilfe sie ihre Unverträglichkeitsreaktionen auf bestimmte Lebensmittel ausschalten konnte, und gewann dadurch nicht nur mehr Selbstvertrauen in der Schule, sondern wurde auch ihre dauernden Kopfschmerzen los!

Robert

Robert war vier Jahre alt, als seine erschöpften Eltern ihn zu mir brachten. Nach ihrer Aussage fand in ihrer Familie dreimal täglich der dritte Weltkrieg statt, denn Robert weigerte sich abends zu Bett zu gehen und morgens aufzustehen; stand er schließlich doch auf, weigerte er sich, sich anzuziehen, und so ging es den ganzen Tag weiter.

Den verwirrten und völlig überforderten Eltern war gesagt worden, dass das Problem bei ihnen liege!

Ich überwies Robert zu einem Ernährungsspezialisten, der feststellte, dass Robert stark auf Tomaten und Zucker reagierte. Seine Eltern entfernten diese ebenso von seinem Ernährungsplan wie künstliche Farbstoffe und andere künstliche Zusätze; unmittelbar danach war Robert ein Kind mit völlig normalem Verhalten.

Er steht also außer Zweifel, dass manche Kinder auf bestimmte Lebensmittel reagieren.

Mark

Mark wurde im Alter von 3 Jahren zu mir gebracht, weil ich seine „Sprachverzögerung" begutachten sollte.

Während ich dieses „normale" Kind beim Spielen beobachtete, erfuhr ich von seinen Eltern, dass er als teilweise behindert eingestuft war und ein Zentrum zur frühen Förderung solcher Kinder besuchte.

Seine motorische Entwicklung war in allen Bereichen verlangsamt, er bewältigte sie jedoch schließlich und konnte mit 17 Monaten laufen. Im Alter von zehn Monaten hatte er eine Schulterfraktur.

Sein Gleichgewicht war immer ein Problem gewesen und sein linkes Auge war langsamer als sein rechtes. Er litt häufig unter Infekten im Hals-Nasen-Ohren-Bereich und hatte ein leichtes Ekzem sowie Soor und Durchfälle; er war noch nicht trocken.

Beide Eltern hatten mehrere Allergien, ein Elternteil hatte von Kindheit an eine Milchallergie.

Mark war im visuellen Bereich gut entwickelt, hatte jedoch in einem früheren Alter stark auf Lärm reagiert. Es ist nicht überraschend, dass Mark sofort große Fortschritte machte, nachdem alle Milchprodukte aus seinem Speiseplan gestrichen worden waren.

Warnungen anderer Spezialisten, dass das Fehlen von Milch über mehrere Wochen zu Kalziummangel führen könne, verzögerten Marks Genesung. (Diese Warnungen sind überflüssig, da jedes Kind, das über mehrere Wochen auf Milchprodukte verzichten muss, zu einem Ernährungsspezialisten überwiesen wird, der andere Möglichkeiten aufzeigt, wie die Kalziumversorgung des Kindes gesichert werden kann.)

Als die Milchprodukte schließlich komplett von seinem Speiseplan verschwunden waren, wurde Mark ein anderes Kind. Keine Durchfälle, keine Ekzeme, kein Soor mehr – und Mark war innerhalb kürzester Zeit trocken.

Sein Gleichgewicht verbesserte sich und er bekam mehr Selbstvertrauen beim Spiel auf Spielgeräten. Und all dies innerhalb weniger Wochen!

Mark erhielt auch ein kleines Bewegungsprogramm (zehn Minuten, zwei- bis viermal täglich), um Entwicklung und Koordination seiner beiden Körperseiten zu fördern, ein Besuch bei einem Osteopathen ergab, dass auf die korrekte Ausrichtung aller Körperteile geachtet werden musste.

Zusammenfassung

Denjenigen meiner Leser, die bereits mein erstes Buch (*If Only We'd Known*) kennen, kann ich berichten, dass Jamie inzwischen Kinderarzt ist.

Wird Ihr Kind also in der Schule als „dumm" eingestuft, so besteht durchaus die Möglichkeit, dass es hochintelligent ist; schließlich wurde Jamie im Alter von 11 Jahren von seinen Lehrern „Dummie" genannt und konnte weder lesen noch schreiben.

In den letzten zwanzig Jahren habe ich viele intelligente Kinder gesehen. Bei vielen weiß ich nicht, wie sie sich weiterentwickelt haben, nachdem sie bei mir gewesen waren – viele entwickeln sich so gut, dass sie nicht mehr wiederkommen müssen.

Kinder wie Jamie haben mich zur Gründung der *Toddler Kindy Gymba-ROO*-Zentren inspiriert, von denen es mittlerweile 64 gibt (in Australien, Neuseeland und Hongkong).

Es ist wunderbar, von Erwachsenen zu hören, denen ich in ihrer Kindheit helfen konnte (einige sagen, dass ich ihr Leben verändert habe), und ich fühle mich geehrt, dass ich die Möglichkeit hatte, diesen Kindern und ihren Eltern zu helfen.

Auch ich hatte Momente der Verzweiflung, etwa nachdem ich ein intelligentes Kind von 14 Jahren gesehen hatte, das völlig „außer Kontrolle" war und sich mitten in einer Revolte gegen das Leben in einem System befand, das versagt hatte, als es Hilfe gebraucht hätte. Auf meinem Schreibtisch stand damals ein kleines Krokodil aus Gummi, das den Jungen beeindruckte. Als der Junge gegangen war, schrieb ich das auf der nächsten Seite abgedruckte Gedicht.

Bitte nicht das Krokodil aufessen

„Bitte nicht das Krokodil aufessen“,
so sprach ich zu dem Kind.
„Ich tue aber, was ich will“,
so sprach er völlig wild,
“und lass’ mich bloß in Ruh,
du …“

Er warf das Krokodil dann stur
im Zimmer hin und her,
zerschlug dabei viel Porzellan,
er warf es kreuz und quer.

Die Mutter sucht’ ihn zu beruhigen,
in seiner großen Wut,
und schließlich schmiss er’s einfach hin,
doch damit war’s nicht gut.

„Ich glaub’, ich reiß den Kopf ihm ab!“ –
“Oh nein“, schrie ich entsetzt.

„Ich tue aber, was ich will …
und lass’ mich bloß in Ruh,
du blöde, blöde Kuh.“

Schon mit drei
war John ein einziger Hilfeschrei
und heut' ist er vierzehn.
Die Eltern suchten hier und dort,
nach Hilfe für ihr Kind,
sie hatten jedoch nirgends Glück,
und waren tief geknickt.

Wann endlich werden Spezialisten,
so werden sie genannt,
bemerken, wenn ein Kind sie ruft?
Warum wird Jahr um Jahr gewartet,
bis viel zu groß die Kluft?

Margaret Sassé

Nachwort

„Die gesamte Forschung ist sich darin einig, dass in den ersten drei Lebensjahren die entscheidenden Grundlagen für sämtliche Bereiche der Entwicklung gelegt werden – doch trotz dieses Wissens hat sich in unserer Gesellschaft nur wenig geändert."

Margaret Sassé

In der frühkindlichen Entwicklung spielt die sensorisch-motorische Stimulation (die Anregung des Nervensystems durch Impulse aus Sinneswahrnehmungen oder Muskulatur) eine wichtige Rolle. Es existiert eine Vielzahl von Programmen, die diese Stimulation fördern und alle Bereiche des kindlichen Lebens bereichern sollen. Dies wirkt sich nicht nur auf Koordination und körperliche Geschicklichkeit aus, sondern ebenso auf Lernvermögen und Selbstwertgefühl.

Babys mit Geburtstraumata, ungünstiger genetischer Disposition, frühkindlichen Erkrankungen oder Bewegungseinschränkungen laufen Gefahr, diese frühe sensorisch-motorische Stimulation zu verpassen. Dadurch erhöht sich das Risiko, dass diese Kinder Lern- und Verhaltensprobleme entwickeln; genau diese Faktoren sind auch für das immer häufiger auftretende sogenannte „Aufmerksamkeitsdefizitsyndrom" (ADS) oder „Aufmerksamkeitsdefizit- und Hyperaktivitätssyndrom" (ADHS) mit verantwortlich – offenbar eine Plage der heutigen Zeit. Wird in solchen Fällen möglichst früh ein therapeutisches Verfahren zur Förderung der sensorisch-motorischen Stimulation eingeleitet, so lassen sich in Kombination mit fachkundiger Beratung bezüglich Allergien, Ernährung sowie Umgang mit dem Verhalten dieser Kinder viele tief greifende positive Veränderungen erzielen.

In ihrem ersten Buch *If Only We'd Known* (auf Deutsch etwa: Wenn wir das nur gewusst hätten), das 1979 erschien und mittlerweile mehrfach wieder aufgelegt wurde, präsentiert Margaret Sassé in einfachen, für alle frisch gebackenen Eltern verständlichen Worten die grundlegenden Zusammenhänge der kindlichen Entwicklung und wie es gelingen kann sicherzustellen, dass ein Kind jede Möglichkeit erhält, sein volles Potenzial zu entfalten.

In dem vorliegenden, ihrem neuesten Buch, teilt Margaret Sassé mit ihren Lesern die Erfahrung eines ganzen Lebens im Dienste optimaler kindlicher Entwicklung; die Leser kommen auch hier wieder in den Genuss ihres charakteristischen Stils, der sich durch treffende und doch unterhaltende Einfachheit auszeichnet und der durch die Illustrationen von Georges McKail noch unterstrichen wird.

In diesem Buch vergleicht die Autorin das kindliche Nervensystem und seine Entwicklung bildhaft mit den Funktionen eines Computers und verhilft uns so in leicht verständlichen Worten zu einem grundlegenden Verständnis kindlicher Entwicklung und kindlichen Wachstums. Sie beschreibt, wie sich diese Entwicklung im täglichen Leben ebenso optimieren lässt wie durch eine Reihe von Übungen aus den in Australien speziell zu diesem Zweck entwickelten Programmen für Kinder unterschiedlichen Alters, die dort unter der Bezeichnung *Get Smart* bekannt sind. Darüber hinaus zeigt sie uns, wie sich feststellen lässt, wann sich Probleme entwickeln, und wie sichergestellt werden kann, dass diese Probleme *möglichst früh* behandelt werden.

Margaret Sassé hat Erfahrung im Begleiten und Unterstützen von Kindern und gilt seit vielen Jahren als Spezialistin auf dem Gebiet der frühkindlichen Entwicklung. Sie hat es sich zur Lebensaufgabe gemacht, das Bewusstsein für die Bedeutung der frühkindlichen Entwicklung zu wecken und dafür zu sorgen, dass alle Kinder ihr volles Potenzial entwickeln können. Zusammen mit ihrer verstorbenen Schwester, Dr. Mary Lou Sheil, war sie eine der ersten, die sich in Australien für die Einführung von Programmen zur sensorisch-motorischen Stimulation bei Kindern einsetzten, was zur Gründung spezieller Zentren führte (der *Toddler Kindy GymbaROO Centres*). Hier wurde unter ihrer Leitung ein weit gespanntes Netz von Fachleuten für sensorisch-motorische Stimulation sowie für das Erkennen und die Therapie derjenigen Kinder ausgebildet, bei denen die Gefahr besteht, dass sie Lernprobleme und Verhaltensstörungen entwickeln.

Darüber hinaus war Margaret Sassé für die Entwicklung eines umfassenden Ausbildungsprogramms für Eltern und für im Erziehungsbereich tätige Menschen mit verantwortlich, das nicht nur über die 64 (hauptsächlich im Franchising-System betriebenen) Zentren in Australien und Asien Verbreitung fand. Dieses Programm wurde auch durch Vorlesungen und Gastvorträge, durch Bücher, Artikel in Zeitschriften sowie durch eine Videoserie für Schulen, Mütterzentren und Einrichtungen zur Früherziehung in Australien, Asien und Europa verbreitet.

In ihrer persönlichen Arbeit ist Margaret Sassé unermüdlich darum bemüht, das Leben vieler behinderter oder verletzter Kinder zu bereichern, indem sie ihnen hilft, ihr Lernvermögen zu optimieren. Wir können uns glücklich schätzen, dass sie ihr Wissen auf so unterhaltsame und unkomplizierte Art mit uns teilt. Dieses Buch muss man einfach gelesen haben – Eltern, Lehrer, Ärzte und alle, die in irgendeiner Form daran beteiligt sind, das Leben von Kindern zu bereichern, werden davon profitieren.

Meredith Sheil
Kinderärztin

Literaturverzeichnis

Kapitel 1

Arnheim, Sinclair: *The Clumsy Child*, C.V. Mosby Co. (USA), 1979, S. 5–8

Ayres, Jean: *Sensory Integration and Learning Disorders*, WPS (USA), 1974; dt. Ausgabe: *Lernstörungen: sensorisch-integrative Dysfunktionen*, Berlin, Heidelberg, New York: Springer, 1979

Ayres, Jean: *Sensory Integration and the Child*, WPS (USA), 1995; dt. Ausgabe: *Bausteine der kindlichen Entwicklung: die Bedeutung der Integration der Sinne für die Entwicklung des Kindes*, Berlin, Heidelberg, New York u.a.: Springer, 4. Aufl. 2002

Baker, Dirk: *Neuropsychological Treatment of Dyslexia*, Oxford University Press, 1990

Bender, Miriam: *The Purdue Bender Reflex Test*, Academic Therapy (USA), 1976

Dryden, Gordon und Vos, Dr. Jeanette: *The Learning Revolution*, Profile Books, NZ, 1993

Elliot, H. C.: *The Shape of Intelligence*, George Allen and Urwin, 1970

Epstein, H. T.: „Growth spurts during brain development: Implications to educational policy and practice", in: *75th Yearbook of the National Society for the Study of Education*, hrsg. von J. Chall und H. Mirsky, Chicago: NSSE, 1978

Epstein, H. T.: „Stages in Human Brain Development", in: *Publ. Development Brain Research* Nr. 30 (USA), 1986, S. 114–119

Fiorentino, Mary: *Reflex Testing Methods for Evaluating C.N.S. Development*, Charles C. Thomas (USA), 1973

Ganong, W. F.: *Medical Physiology*, Lange Medical Publications (USA), 1973

Goddard Blythe, Sally: *A Teacher's Window Into The Child's Mind*, Fernridge Press (USA), 1996; dt. Ausgabe: *Greifen und Be-Greifen. Wie Lernen und Verhalten mit frühkindlichen Reflexen zusammenhängen*, Kirchzarten: VAK, 6. Aufl. 2005

Goddard Blythe, Sally: *The Well Balanced Child. Movement and Early Learning*, Hawthorn Press (GB), 2004; dt. Ausgabe: *Warum Ihr Kind Bewegung braucht. Optimale Entwicklung fördern – von Anfang an*, Kirchzarten: VAK, 2005

Healy, Jane: *Your Child's Growing Mind*, Bantam Doubleday Dell (USA), 1987

Healy, Jane: *Endangered Minds*, Simon & Schuster (USA), 1990

Holt, K. S.: *Child Development*, Butterworth-Heinemann Ltd., 1991

Hudspeth, W. J. und Pribram, K. H.: „Stages of Brain and Cognitive Maturation", in: *Journal of Educational Psychology* 2 (1990), S. 861–864

Hutchinson, Michael: *Megabrain*, Ballantyne Books (USA), 1989; dt. Ausgabe: *Megabrain,* Basel: SPHINX Medien Verlag, 1994

Kandell, Eric R., Schwartz, James H. und Jessell, Thomas M.: *Principles of Neural Science*, Prentice-Hall (USA), 1991

Landreth, C.: *Early Childhood*, A. A. Knoff (USA), 1967

Levine, S.: „Stimulation in Infancy", in: *Scientific American* 202 (1960), S. 80–86

Luria, A. R.: *Higher Cortical Functions in Man*, Consultants Bureau Enterprises Inc. (USA), 1980

McGlowan, D.: *Developmental Reflexive Rehabilitation*, Taylor & Francis (England), 1990

McPhillops, M., Hepper, P. und Mulhem, G.: „Effect of Replicating Primitive Reflex Movements on Specific Reading Problems", in: *Lancet Medical Journal*, Februar 2000

Meister Vitale, Barbara: *Unicorns are Real (A Right Brain Approach to Learning),* Jalmer Press (USA), 1982; dt. Ausgabe: *Lernen kann phantastisch sein: kinderleicht, kindgerecht, kreativ,* Offenbach: Gabal, 10. Aufl. 2000

Nash, Madeleine: „Fertile Minds", in: *Time Magazine*, Februar 1997, S. 36 ff.

Payne, Isaacs: *Human Motor Development*, Mayfield, 1991

Schnitaker, M. D.: *The Teacher's Guide to the Brain and Learning,* Academic Therapy, 1972

Piaget, Jean: *Origins of Intelligence in the Child*, 1977; dt. Ausgabe: *Das Erwachen der Intelligenz beim Kinde: autorisierte Übersetzung nach der dritten Auflage*, Stuttgart: Klett-Cotta, 2003

Sassé, Margaret: *If Only We'd Known*, Toddler Kindy GymbaROO Pty. Ltd. (Australien), 1990

Sassé, Margaret und Sheil, Dr. M.: *The Importance of Being an Infant,* Toddler Kindy GymbaROO, 1984

Shore, Rima: *Rethinking the Brain*, Families and Work Institute New York (USA), 1997

Williams, Jane: „Crawling and Creeping – more than just a way to get around", in: *First Steps Magazine*, Issue No. 14 (Toddler Kindy GymbaROO)

Wittrock, M. C.: *The Human Brain*, Prentice-Hall, 1977

Wolf, James: *Temple Fay MD*, Charles C. Thomas (USA), 1968

Kapitel 2

Ames, Bates L. und Lilg, Francis C.: *Your Two Year Old*, The Gesell Institute of Child Development (USA), 1976

Ayres, Jean: *Sensory Integration and the Child*, WPS (USA), 1995; dt. Ausgabe: *Bausteine der kindlichen Entwicklung: die Bedeutung der Integration der Sinne für die Entwicklung des Kindes*, Berlin, Heidelberg, New York u.a.: Springer, 4. Aufl. 2002

Barnes, B. und Bradley, S.: *Planning For A Healthy Baby*, Century Hutchinson Ltd. (USA), 1990

Bender, Miriam: *The Purdue Bender Reflex Test*, Academic Therapy (USA), 1976

Capon, Jack: *Successful Movement Challenges*, Front Row Experience (USA), 1981 (Reprint 2000)

Derham, F.: *Art for the Child Under Seven*, Australian Early Childhood Association, 2001

Dinkmeyer, G. und McKay, G.: *The Parent Handbook*, American Guidance Service (USA), 1976

Doman, G.: *Teach Your Baby to Read*, Jonathan Cape (USA), 1964

Gesell, Arnold: *The First Five Years of Life*, Methuen & Co. & University Press (USA), Reprint 1974

Goddard Blythe, Sally: *A Teacher's Window Into A Child's Mind*, Fernridge Press (USA), 1996; dt. Ausgabe: *Greifen und Be-Greifen. Wie Lernen und Verhalten mit frühkindlichen Reflexen zusammenhängen*, Kirchzarten: VAK, 6. Aufl. 2005

Goddard Blythe, Sally: *The Well Balanced Child. Movement and Early Learning*, Hawthorn Press (GB), 2004; dt. Ausgabe: *Warum Ihr Kind Bewegung braucht. Optimale Entwicklung fördern – von Anfang an*, Kirchzarten: VAK, 2005

Greenspan, S.: *The Growth of the Mind and the Endangered Origins of Intelligence*, Addison Wesley (USA), 1997; dt. Ausgabe: *Die bedrohte Intelligenz: die Bedeutung der Emotionen für unsere geistige Entwicklung*, München: Goldmann, 2001

Healy, Jane: *Your Child's Growing Mind*, Bantam, Doubleday, Dell (USA), 1987

Healy, Jane: *Edangered Minds*, Simon & Schuster (USA), 1990

Holle, Britta: *Motor Development in Children: normal and retarded a practical guide for sensory-motor stimulation*, Merrill (USA), 1976; dt. Ausgabe: *Die motorische und perzeptuelle Entwicklung des Kindes: ein praktisches Lehrbuch für die Arbeit mit normalen und retardierten Kindern*, Weinheim: Beltz, 2000

Leboyer, Frédérick: *Loving Hands*, Collins (GB), 1977; dt. Ausgabe: *Sanfte Hände: die traditionelle Kunst der indischen Baby-Massage*, München: Kösel, 1999

Levy, J.: *The Baby Exercise Book*, Random House (USA), 1975

McKay, P.: *Parenting by Heart*, Thomas Lothian (Australien), 2000

Montagu, Ashley: *Touching*, Harper & Row (USA), 1978; dt. Ausgabe: *Körperkontakt: die Bedeutung der Haut für die Entwicklung des Menschen*, Stuttgart: Klett-Cotta, 1995

Piaget, Jean: *Origins of Intelligence in the Child*, 1977; dt. Ausgabe: *Das Erwachen der Intelligenz beim Kinde: autorisierte Übersetzung nach der dritten Auflage*, Stuttgart: Klett-Cotta, 2003

Rosen, M. und Rosen, L.: *Your Baby's Brain Before Birth*, Meridian Books (USA), 1975

Russell, Deirdre: „Making Music to Develop the WHOLE Child", in: *First Steps Magazine* Nr. 4, Toddler Kindy GymbaROO (Australien), 1991

Sassé, M.: „Vestibular Stimulation", in: *First Steps Magazine* Nr. 3, Toddler Kindy GymbaROO (Australien), 1990

Sassé, M.: *If Only We'd Known*, Toddler Kindy GymbaROO (Australien), 2001

Wunderlich, Ray: *Kids, Brains and Learning*, Johnny Read (USA), 1970

White, Burton: *Raising a Happy Unspoilt Child*, Simon & SchusterUSA), 1994

Kapitel 3

Barnett, S. A.: „Etiology and Development", in: *Clinical Developmental Medicine* Nr. 47, Heinemann (GB),1973

Blurton, Jones N.: *Ethological Studies of Child Behaviour*, Cambridge University Press (GB),1972

Daniels, Little: *Allergies in Your Family*, Penguin Books (Australien), 1991

Holt, K.S.: *Child Development*, Heinemann-Butterworth, Reprint 1993

Kandell, Eric R., Schwartz, James H. und Jessell: *Principles of Neural Science*, Simon & Schuster Business & Professional Group International, 1991

Klosovski, P. N.: *Development of the Brain and its Disturbance by Harmful Factors*, Pergamon Press, 1963

Koch, J.: *Total Baby Development*, Simon & Schuster, 1978

Landreth, C.: *Early Childhood*, Alfred Knoff, 1967

Moore, Dorothy. C.: *Middle Ear Infection*, Playgroup Article Term 4, Victoria (Australien), 1995

Philpott, William und Kalita, Dwight K.: *Brain Allergies*, Keats Publishing (USA), 1980

Weiner H.: *Eyes OK – I'm OK*, Academic Therapy (USA), 1977

Ernährung und Allergien:

Allen, R. B.: „Food for Healthy Kids", in: *First Steps Magazine* Nr. 9, Toddler Kindy GymbaROO, S. 4 ff.

Bradley und Barnes: *Planning for a Healthy Baby*, Ebury Press (GB), 1990

Brozek, Josef und Quetzkow, Harold: „A Study of personality of normal young men maintained on restricted intakes of vitamines of the B complex", in: *Clinical Nutrition* Nr. 5, 1957, S. 109–120

Dengate, S.: *Fed Up*, Random House (Australien), 1998

Pauling, Linus: „Vitamins and Intelligence Tests", in: *Nature Magazine*, 1991, S. 203–353

Pfeiffer, Dr. Carl: *Zinc and Other Micro Nutrients*, Pivot Original Health Book (USA), 1978

Smith, Lenton: *Feed Your Kids Right*, Dell Publishing (USA), 1979

Wunderlich, Dr. Kalita: *Nourishing Your Child*, Keats (New York), 1984

In diesem Kapitel fanden folgende Artikel aus dem *First Steps Magazine* von Toddler Kindy GymbaROO (Australien) Verwendung:

Ausgabe
Nr. 2: Sheil, Dr. M. L.: „Solids, When, What, How?"
Nr. 2: Sheil, Dr. M. L.: „Zinc in Our Diet"
Nr. 6: Sheil, Dr. M. L.: „My Child Won't Eat"
Nr. 9: Allen, R. B.: „Food for Healthy Kids"
Nr. 15: Sheil, Dr. M. L.: „Sugar – How much a part of Breakfast?"
Nr. 21: Hawke, M.: „Nutrition – its Impact on Learning and Behavior"

Kapitel 4

Apell, R. J. und Lowry, R. W.: *Pre-School Vision*, Gesell Institute of Human Development (USA), 1992

Ayres, Jean: *Sensory Integration and the Child*, WPS (USA), 1995; dt. Ausgabe: *Bausteine der kindlichen Entwicklung: die Bedeutung der Integration der Sinne für die Entwicklung des Kindes*, Berlin, Heidelberg, New York u.a.: Springer, 4. Aufl. 2002

Bender, Miriam: *The Purdue Bender Reflex Test*, Academic Therapy (USA),1976

Capon, Jack: *Successful Movement Challenges*

De Quiros, Julio B. und Schrager, Orlando L.: *Neuropsychological Fundamentals in Learning Disabilities*, Academic Therapy (USA),1978

Delacato, C.: *The Diagnosis and Treatment of Speech and Reading Problems*, Charles C. Thomas, 1970

Dengate, Sue: *Fed Up*, Random House (Australien), 1998

Doman, G., Doman, D. und Hagy, B.: *How to Teach your Child to be Physically Superb*, Better Baby Press (USA), 1997

Getman, G.: *How to Develop Your Child's Intelligence*, Optometric Extension Program (USA),1995 (Reprint); dt. Ausgabe: *Intelligente Kinder durch Erziehung*, Freiburg i. Br.: Hyperion, 1967

Goddard Blythe, Sally: *A Teacher's Window Into A Child's Mind*, Fernridge Press (USA), 1996; dt. Ausgabe: *Greifen und Be-Greifen. Wie Lernen und Verhalten mit frühkindlichen Reflexen zusammenhängen*, Kirchzarten: VAK, 6. Aufl. 2005

Goddard Blythe, Sally: *The Well Balanced Child. Movement and Early Learning*, Hawthorn Press (GB), 2004; dt. Ausgabe: *Warum Ihr Kind Bewegung braucht. Optimale Entwicklung fördern – von Anfang an*, Kirchzarten: VAK, 2005

Hannaford, C.: *Smart Moves*, Great Ocean Publishers (USA), 1995; dt. Ausgabe: *Bewegung – das Tor zum Lernen*, Kirchzarten: VAK, 6. Aufl. 2004

Kephart, Newell C., Ebersole, Marylou und Ebersole, James B.: *Steps to Achievement For The Slow Learner*, Merrill (USA), 1968; dt. Ausgabe: *Lernen Schritt für Schritt: wie Kinder Wissen erwerben; Unterrichtspraxis bei lernbehinderten Kindern im Elementar- und Primarbereich*, München, Basel: E. Reinhardt 1976

Koch, J.: *Total Baby Development*, Simon & Schuster (USA), 1978

Piaget, Jean: *Origins of Intelligence in the Child*, 1977; dt. Ausgabe: *Das Erwachen der Intelligenz beim Kinde: autorisierte Übersetzung nach der dritten Auflage*, Stuttgart: Klett-Cotta, 2003

Spache, George B., Hinds, Lillian R. und Bing, Lois B: *Vision and School Success*, Vision Extensions (USA), 1990

Kapitel 5

Apell, R. J. und Lowry, R. W.: *Pre-School Vision*, Gesell Institute of Human Development (USA), 1992

Ayres, Jean: *Sensory Integration and the Child*, WPS (USA), 1995; dt. Ausgabe: *Bausteine der kindlichen Entwicklung: die Bedeutung der Integration der Sinne für die Entwicklung des Kindes*, Berlin, Heidelberg, New York u.a.: Springer, 4. Aufl. 2002

Bender, Miriam: *The Purdue Bender Reflex Test*, Academic Therapy (USA),1976

Capon, J.: *Successful Movement Programs* (1981) und *Five books on Perceptual Motor Development*, Front Row Experience (USA), 1984

Crickmay, M.: *Speech Therapy and the Bobath Approach to Cerebral Therapy*, Charles C. Thomas (USA) 1972

Delacato, C. H.: *A New Start for the Child with Reading Problems*, Charles C. Thomas (USA) 1974

Doman, G., Doman, D. und Hagy, B.: *How to Teach your Child to be Physically Superb*, Better Baby Press (USA), 1997

Furth, Hans G. und Wachs, Harry: *Thinking Goes to School*, Oxford University Press (GB)

Getman, G.: *How to Develop Your Child's Intelligence*, Optometric Extension Program (USA),1995 (Reprint); dt. Ausgabe*: Intelligente Kinder durch Erziehung*, Freiburg i. Br.: Hyperion-Verl., 1967

Gold, Svea J.: *If Kids Just Came with Instruction Sheets!*, Fernridge Press (USA), 1997

Gold, Svea J.: *When Children Invite Abuse*, Fernridge Press (USA), 1996

Grasselli, Rose und Hegner, Priscilla: *Playful Preventing*, Richard Mark Publ. (NY, USA), 1981

Hannaford, C.: *Smart Moves*, Great Ocean Publishers (USA), 1995; dt. Ausgabe: *Bewegung – das Tor zum Lernen*, Kirchzarten: VAK, 6. Aufl. 2004

Heidelberger, Debra und Heininger-White, Margot: *„S" cool Moves for Learning*, Integrated Learner Press (USA), 2000

Kephart, Newell C., Ebersole, Marylou und Ebersole, James B.: *Steps to Achievement For The Slow Learner*, Merrill (USA), 1968; dt. Ausgabe: *Lernen Schritt für Schritt: wie Kinder Wissen erwerben; Unterrichtspraxis bei lernbehinderten Kindern im Elementar- und Primarbereich*, München, Basel: E. Reinhardt 1976

Koch, J.: *Total Baby Development*, Simon & Schuster (USA), 1978

Leboyer, Frédérick: *Loving Hands*, Collins (GB), 1977; dt. Ausgabe: *Sanfte Hände: die traditionelle Kunst der indischen Baby-Massage*, München: Kösel, 1999

Levy, J.: *The Baby Exercise Book*, Random House (USA), 1975Martin, E.: *Baby Games*, Millenium Books (USA)

Matterson, E.: *This Little Puffin*, Penguins International, 1991

Ohashi, W.: *Shiatsu for Your Baby*, Angus and Robertson (GB), 1985

Pheloung, B.: *Help Your Child To Learn*, Barbara Pheloung (Australien), 1997

Prudden, S.: *Exercise Program for Young Children*, Workman Publishing (USA), 1983

Rowley, E. V.: *Enhance Your Infant's Development*, Rowley (USA), 1981

Sassé, M.: *If Only We'd Known*, Toddler Kindy GymbaROO (Australien), 2001

Spache, George B., Hinds, Lillian R. und Bing, Lois B.: *Vision and School Success*, Vision Extensions (USA), 1990

Waters, B.: *Every Toddler*, Margaret Gee (Australien), 1994

Wisby, A.: *Learning Through Music*, MTP Press (GB), 1990

Wunderlich, Ray: *Kids, Brains and Learning*, Johnny Read (USA), 1970

Kapitel 6

Biddulph, Steve: *The Secret of Happy Children*, Bay Books (Australien), 1988

Dengate, Sue: *Fed Up*, Random House (Australien), 1998

Dinkmeyer, G. und McKay, G.: *The Parent Handbook*, American Guidance Service (USA), 1976

Dreikus, Rudolf: *Happy Children*, Tyndale House (USA), 1988 (Reprint)

Feingold, Ben: *Hyperactive Children* (USA)

Haber, C. C., Amers, Bates L., Lilg, Frances C.: *Your One Year Old*, Gesell Institute of Child Development (USA), 1982

Schauss, A.: *Diet, Crime and Delinquency*, Parker House (USA), 1980

White, Burton: *Educating the Infant and Toddler*, D.C. Heath & Co. (USA), 1988

White, Burton: *Raising a Happy Unspoilt Child*, Simon & Schuster (USA), 1994

Autismus:

Delacato, C.: *The Ultimate Stranger – The Autistic Child*, Doubleday (USA), 1974

ADS & ADHS:

Sassé, M.: *If Only We'd Known*, Toddler Kindy GymbaROO (Australien), 2001

Wallace, I.: *You and Your ADD Child*, Harper Collins (GB), 1996

Kapitel 7

Reflexe und ihr Zusammenhang mit Bewegung und Lernen:

Goddard, Sally: *A Teacher's Window Into The Child's Mind*, Fernridge Press (USA), 1996; dt. Ausgabe: *Greifen und Be-Greifen. Wie Lernen und Verhalten mit frühkindlichen Reflexen zusammenhängen*, Kirchzarten: VAK, 6. Aufl. 2005

Goddard Blythe, Sally: *The Well Balanced Child. Movement and Early Learning*, Hawthorn Press (GB), 2004; dt. Ausgabe: *Warum Ihr Kind Bewegung braucht. Optimale Entwicklung fördern – von Anfang an*, Kirchzarten: VAK, 2005

McGlowan, D.: *Developmental Reflexive Rehabilitation*, Taylor & Francis (England), 1990

McPhillops, M., Hepper, P. G. und Mulhem, G.: „The Effect of the Asymmetrical Tonic Neck Reflex on Children with Learning Difficulties Aged 9 Years", in: *Lancet Medical Journal*, Februar 2000

Wunderlich, Ray: *Kids, Brains and Learning*, Johnny Read (USA), 1970

Klangtherapie:

Bérard, Guy: *Hearing Equals Behavior*, Keats (USA), 1993

Doman, G.: *The Listening Program* (mit CDs), Advanced Brain Technologies (USA), 1999

Joudry, P.: *Sound Therapy for the Walkman*, St. Peters Press (Kanada), 1985

Madaule, P.: *When Listening Comes Alive*, Moulin Press, 1994

Steinbach, Ingo: Samonas Klangtherapie: Gesundheit durch heilende Klänge, Kellinghusen: Techau, 1997

Kapitel 8

„Are Classrooms on the way out?", in: *Herald Sun Australia* 10/8/1998

Adams, P.: „Turn Over a New Leaf", in: *Weekend Australia*, 31/10/98

Bakker, Dirk: *Neuropsychological Treatment of Dyslexia*, University Press, 1990

Dryden, G. und Vos, Dr. Jeanette: *The Learning Revolution*, Profile Books (NZ), 1993

Healy, Jane: *Endangered Minds*, Simon & Schuster (USA), 1990

Kaku, Micho: „My Vision of the 21st Century", in: *Weekend Australian Newspaper*, 1998

Kozol, J.: *Illiterate America*, New York, 1986

Shore, Rima: *Rethinking the Brain. New Insight into Early Development*, Families and Work Institute (Australien), 1997

Kapitel 9

De Quiros, Julio B. und Schrager, Orlando L.: *Neuropsychological Fundamentals in Learning Disabilities*, Academic Therapy (USA),1978

Getman, Gerry: *Smart in Everything Except School*, Vision Extension (USA)

Goddard Blythe, Sally: *A Teacher's Window Into The Child's Mind*, Fernridge Press (USA), 1996; dt. Ausgabe: *Greifen und Be-Greifen. Wie Lernen und Verhalten mit frühkindlichen Reflexen zusammenhängen*, Kirchzarten: VAK, 6. Aufl. 2005

Goddard Blythe, Sally: *The Well Balanced Child. Movement and Early Learning*, Hawthorn Press (GB), 2004; dt. Ausgabe: *Warum Ihr Kind Bewegung braucht. Optimale Entwicklung fördern – von Anfang an*, Kirchzarten: VAK, 2005

Kephart, Newell C., Ebersole, Marylou und Ebersole, James B.: *Steps to Achievement For The Slow Learner*, Merrill (USA), 1968; dt. Ausgabe: *Lernen Schritt für Schritt: wie Kinder Wissen erwerben; Unterrichtspraxis bei lernbehinderten Kindern im Elementar- und Primarbereich*, München, Basel: E. Reinhardt 1976

Leboyer, Frédérick: *Loving Hands*, Collins (GB), 1977; dt. Ausgabe: *Sanfte Hände: die traditionelle Kunst der indischen Baby-Massage*, München: Kösel, 1999

Le Winn, E.: *Human Neurological Organization*, Thomas (USA), 1969

Montagu, Ashley: *Touching*, Harper & Row (USA), 1978; dt. Ausgabe: *Körperkontakt: die Bedeutung der Haut für die Entwicklung des Menschen*, Stuttgart: Klett-Cotta, 1995

Über die Autoren

Margaret Sassé ist Gründerin und Leiterin eines seit 25 Jahren international erfolgreich arbeitenden Netzwerks von 64 Beratungszentren für Eltern. Sie hat selbst 5 Kinder und kann auf 30 Jahre Berufserfahrung mit „schwierigen" Kindern und deren Eltern zurückblicken.

Georges McKail, der Illustrator des Buches, hat neben seiner beruflichen Tätigkeit in Pädagogik, Management und Coaching bereits eine ganze Reihe von Publikationen illustriert.

Ilona Kröger:

Erziehen – gelassen und kreativ mit EFT

Klopfakupressur für Eltern

Leseprobe unter: www.vakverlag.de

Alltag mit Kindern kann ganz schön stressig sein, da geraten Eltern und Erziehende oft an ihre Grenzen. Wie auf anderen Gebieten hilft die Klopfakupressur auch hier: Mit einer einfachen Technik kann man bestimmte Akupunkturpunkte anregen und so seine ganz persönlichen Stressfaktoren entschärfen. Ilona Kröger hilft den Eltern und Pädagogen, ihre individuellen Stressthemen im Erziehungsalltag zu entdecken und wirkungsvoll zu „bearbeiten“.

160 Seiten, 34 Fotos, Paperback (15 x 21,5 cm)
ISBN 978-3-935767-81-1

Werner Winkler:

Warum Kinder so verschieden sind

Kinder besser verstehen und fördern

Leseprobe unter: www.vakverlag.de

Haben Sie sich schon einmal gefragt, warum Sie mit Ihrer Tochter „auf einer Welle liegen“, mit Ihrem Sohn aber nicht? Der Grund hierfür ist nicht im Geschlecht, sondern in den unterschiedlichen Persönlichkeitstypen zu suchen. Während Sie und Ihre Tochter vielleicht Sachtypen sind und gut miteinander „können“, ist Ihr Sohn ein Handlungs- oder Beziehungstyp und fühlt sich unverstanden. Mithilfe dieses typgerechten Erklärungsmodells lernen Sie, die verschiedenen Persönlichkeiten zu erkennen und mit deren Stärken und Schwächen besser umzugehen.

144 Seiten, 1 Abbildung, Paperback (17 x 21,5 cm)
ISBN 978-3-935767-88-0

Dr. med. Götz Blome:

Heile dein Kind an Körper und Seele

Der medizinisch fundierte, ganzheitliche Elternratgeber

Leseprobe unter: www.vakverlag.de

Dieser Gesundheitsratgeber vereint alle wichtigen Hilfsmittel für ganzheitliche Vorsorge und verantwortungsbewusste Selbsthilfe. Dr. Blome zeigt, wie Eltern die häufigsten Krankheiten sicher erkennen, bewährte homöopathische Heilmittel und Bach-Blüten selbst richtig anwenden und lernen, wirksame Alternativen zu Antibiotika einzubeziehen.
Ein unentbehrlicher Ratgeber für alle Eltern, die mit Naturheilmitteln und praktischer Psychologie die Gesundheit ihrer Kinder erhalten und Krankheiten abwehren oder überwinden möchten.

576 Seiten, 15 Abbildungen, Hardcover (16 x 22,5 cm)
ISBN 978-3-935767-20-0

Abonnieren Sie unseren kostenlosen Newsletter unter: www.vakverlag.de